JN085392

3秒で伝える

コンサルが使う [シンプルな言葉で相手を動かす] 会話術

著 しゅうマナビジネス shu_manabusiness

扶桑社

はじめに

ビジネスは誰かに何かを伝えるシーンの連続です。

仕事におけるあなたの価値の9割は伝え方で決まる、と言っても過言ではないでしょう。逆に言えば、今は仕事で成果が出せていない人でも、伝え方次第でガラリと変わる〝伸びしろ〟を秘めていることになります。

では、ビジネスではどのような伝え方が正しいのでしょうか。

多くの書籍やセミナーでは、「まず結論や主張を伝えて、そこから詳細を伝える」ことが重要だと言われます。

実際にはすべてのシーンで「結論（主張）から話す」が正解ではないのですが、確かにこの方法はＰＲＥＰ《プレップ》法と呼ばれ、ビジネストークの基礎とされています。（ＰＲＥＰ法については第2章で詳述します）

しかし、結論から話すのが重要だとわかってはいても、実際に話すシーンになると、**なぜか長々とした説明や回りくどい言いまわしをしてしまうことが多い**です。

例えば、このようなシーンです。

本当はこの結論を言いたい

「今期の利益率が低下した原因は売上高が減少したためです」

でも実際にはこう言ってしまう…

「利益率が低下した原因を調べるために、売上高と費用のそれぞれについて数字を調べてみたのですが、まずは売上高を見てみると……」

このように、端的に結論から話せばいいのに、回りくどい説明から入ってしまうことが多々あります。

あるいは次のようなケースです。

本当はこの主張を言いたい

「売り上げ減少を解決するには、顧客単価の見直しが必要です」

という主張を伝えたいのに

でも実際にはこう言ってしまう…

「売り上げ減少の対策について、チーム内で議論をしました。メンバーからはいくつか案が挙がってきたので、順番に説明しますと……」


といったように、経緯ばかり説明してしまうことがあります。

「頭ではわかっているのに、結論や主張からうまく話せない」

「つい話が長くなったり、回りくどくなってしまう」

「伝えたいことは言ったけど、相手がピンときていない」

そんな悩みを抱える人はとても多いです。それはなぜか。

■あなたの説明をわかりづらくしているものの正体

ここで簡単に自己紹介をさせてください。私は「マナビジネス」というYouTubeチャンネルを運営している、しゅうと申します。

現在は大手総合系コンサルティングファームに10年以上勤務し、クライアント企業の経営課題を解決する支援をしたり、社内向けにコンサル育成業務を行ったりしています。

また、社外ではセミナー講師としても活動していて、プレゼンや思考法などビジネススキルに関する講座を開催。これまで5000人以上の方に受講していただきました。

それらの経験をもとに、今では「学び＋ビジネス」というコンセプトのYouTubeチャンネルを立ち上げ、ビジネスパーソン向けにコンサル流仕事術を発信したりしています。

私はこれまでプレゼン指導をするなかで、「説明が苦手」「プレゼンが苦手」という人をたくさん見てきました。そこでわかったことがあります。

それは、説明やプレゼンが苦手な人でも「皆それぞれ伝えたいメッセージや想いをちゃんと持っている」ということです。

それなのに相手にうまく説明できず伝わらない理由としては、次の2つが大きいと考えています。

①状況察知能力が足りない

②複雑に考えすぎてしまう

①の状況察知能力が足りない人は、「今がどのような状況で、何を伝えなければいけないのか？」ということを考える力が不足しています。

私はプレゼン指導を行う中で「プレゼンはライブだ」と伝えています。

どういうことかというと、まったく同じことを伝える場合でも、伝える相手や場所や状況によって、同じプレゼンにはならないということです。

誰かに何かを伝える際に重要なのは、自分が言いたいことではなく「相手が聞きたいこと」です。

つまり、状況察知能力が足りないとは、**相手のことを考える努力が足りていない**ということです。

導く方向は同じだったとしても、相手がどのような状況であるかを察知し、「だから伝えるべき内容はこれだ」という〝コアメッセージ〟を見つける力が重要になってきます。

そして、②の複雑に考えすぎてしまう原因は、説明をするときに次の4つの「心理的なブロック」が働いてしまうからです。

✓ 心理的ブロック①「誤解されたくない」
✓ 心理的ブロック②「相手を刺激したくない」
✓ 心理的ブロック③「主張に自信がない」
✓ 心理的ブロック④「意見しないほうがいい」

プレゼンだけでなく、上司への報告やお客様との商談など説明をする場面において、これらの心理的ブロックが働くと、「内容に抜け漏れがあって誤解されたくないから、細かく説明しよう」などと、わかりづらい話し方になってしまいます（次ページの図1）。

図1　話をわかりづらくする「ダメな心理」

①誤解されたくない
内容に抜け漏れがあって誤解されたくない
説明がどんどん長くなる
②相手を刺激したくない
相手は反対意見のようだから慎重に話そう
細かい経緯の説明ばかりになる
③主張に自信がない
この内容だとダメ出しされるんじゃないか？
詳細をボカした説明になる
④意見しないほうがいい
上司の指示通りに説明したほうがラク
考える習慣がなくなる

なかでも特に、④の相手に「意見しないほうがいい」という心理状態はキケンです。こうした考え方をするようになると、普段から考える習慣がなくなり、思考停止状態に陥ってしまいます。

すると、いつも中身がない話に終始してしまい、いざ仕事で主張や結論を求められても話をまとめられなくなってしまうのです。

■ 必要なのは、「短くシンプルに伝える意識」

では、こういった説明をわかりづらくする原因をなくすにはどうすればいいのか。

そのために私がお伝えしたいのが、「3秒で伝える」という意識です。

必要なのは、理路整然としているけれど長い説明ではありません。

また、必ず結論から伝えるように意識しなさい、といった意味でもありません。

相手の意をくみ取り、その状況に最も適した「短くてシンプルな言葉」を使うことです。

①伝えるべき本質的なメッセージを考え
②内容を相手に合わせてカスタマイズし
③短くてシンプルな言葉で伝える

このような手順を踏むことを、常に意識してください。

これは考え方次第で誰にでもできる技術です。

コンサルの付加価値は何か？と問われたら、私は「第三者的な立場で忖度なく意見すること」だと答えます。

もちろんお客様と良好な関係を築くことは大切です。

しかし、それ以上に求められるのが**「インパクトあるコミュニケーション」**です。

調べればわかる客観的事実や作業経緯を回りくどく説明するよりも、「いま何が起きているのか？」「何が問題なのか？」「原因はどこにあるのか？」「どう行動すればいいのか？」といった結論や主張や議論すべきテーマを、端的に相手に伝える。

だからこそお客様に価値を感じてもらえるし、お客様もそれを求めています。

むしろそうでないコンサルはすぐに失格の烙印を押されます。

社内コミュニケーションでも同じです。曖昧な説明をした先に待ち受けているのは、上司からの「だから何?(So What?)」という指摘だけです。

これはコンサルに限った話ではありません。

例えば上司に何かを依頼するときに、経緯や状況の説明から入ったとしましょう。するとに上司は、話を聞きながら「私にどうしてもらいたいの?」と、終始推測している状態になります。

承認してほしいのか、アドバイスがほしいのか、一緒に考えてほしいのか……最後まで聞かないとわかりません。

そうではなく、先に「○○という問題について一緒に考えてくれませんか?」と伝えれば、その段階で話の論点が整理され、上司は「一緒に考える」という目線で聞くことができます。

こうして文字にすると簡単なようですが、実際にはコレすらできていないビジネスパーソンがとても多い。だからこそ他者と差をつけるポイントになります。

「短くシンプルに伝える」と意識することは、ビジネスコミュニケーションを行ううえで、**あなたの強力な武器になってくれます。**

そして、そのために意識する時間が、3秒です。

3秒で伝える意識を持つことで、あなたの言葉はシンプルかつ本質を捉えた内容になっていきます。

さらに、3秒で伝える技術を得ることで、そこから30秒、あるいは1分、3分といった長い説明をするのも上手くなります。

なぜなら**「3秒しかないなら、どう端的に伝えるべきか？」**という思考を繰り返すことによって、論理的に考える力が飛躍的に伸びるからです。

本書は伝え方の技術をお教えする本ですが、思考の「型」を教えるものでもあります。

思考が変われば、伝え方が変わります。

そして、伝え方が変われば、生き方が変わります。

ぜひ最後までお付き合いいただき、明日からのあなたの言葉を変えてみてください。

CONTENTS

第2章

3秒の一言を使う「7つのパターン」

――ビジネストークには押さえるべき「型」がある

第3章

3秒で伝える「一言の見つけ方」

——伝えるべき内容は、「相手」が教えてくれる

第4章

「3秒・30秒・3分」それぞれの伝え方

――どんなに長い説明でも、3つの要素があればいい

第5章
自分の言葉で話す「コンサル流テクニック」
――誰かの言葉では、相手を動かせない

第1章

ロジカルシンキングよりも使える「3秒で伝える」意識

――説明する前に、本質的なメッセージを考える

「3秒で伝える」というタイトルを見て、
あなたはどんな感想を抱きましたか？
恐らく、多くの人は「3秒で伝えるなんてムリだ」と
思ったでしょう。

もちろん、3秒ですべての情報をこと細かく
伝えるのは不可能です。

しかし、3秒で伝えるという意識を持つことによって、
あなたはきっと「物事の本質」を考えるようになります。
そして、深い思考から生みだされた言葉だからこそ、
それは短くても〝強い〟一言になります。

第1章では、私が日々のコンサルティング業務や
プレゼンの講師をするなかで気づいた、
3秒で伝える意識の重要さをお伝えします。

会話における最大の壁を突破する「シンプルな言葉」

ビジネスコミュニケーションにおいて、最も難しいことは何だと思いますか？

それは「**相手に聞く姿勢になってもらうこと**」です。

逆に言えば、相手が「そちらの話を聞きますよ」と前のめりになってくれたら、あなたはとても有利な立場でコミュニケーションを進めることができます。


しかし、実際のビジネス現場では、まだ相手がこちらの話を聞く姿勢になっていないのに、先走って「**自分の言いたいこと**」**ばかり話す人がとても多い**のです。

例えば、「最初に前提となる情報を伝えないといけない」とばかりに回りくどい説明をしたり、「情報は漏れなく伝えないといけない」と話が長くなったり……。

その結果、丁寧に話そうとすればするほど相手に伝わらないという現象が起こります。

では、この最初にして最大の壁を越えるにはどうすればいいか。

例えばプレゼンには「フォーカスコントロール」というテクニックがあります。

プレゼンをする場面ではちゃんと話を聞いてくれる人がいる一方で、ある人は手元の資料を見ていたり、ある人はメモをとったり、またある人はパソコンで内職をしたり……といったシチュエーションが多発します。

しかし、それでも大事なことを伝えないといけない。

そんなとき、私ならこのように伝えます。


「ここからが皆さんにとって、最も重要なポイントです」


この「3秒の一言」を伝えて、意識をこちらに向かせるのです。

このテクニックはプレゼンだけでなく、ビジネスにおける様々なシチュエーションで有効です。

例えばクライアントに重要なメッセージを伝えるとき。

ビジネスに大きく関係してくる法改正が行われ、担当のクライアントに影響があるとい

う説明をしたい。そんなときは影響を一つひとつ説明する前に、

「今回の法改正は、御社に大きな影響があります」


という、最も伝えたい結論（主張）を3秒の一言で伝えます。

それによって「え、何か面倒なことでも起きるの？」「自分の仕事を何か変えないといけないの？」と、能動的に聞く姿勢を促すのです。

ほかにも上司に何か相談したいときには、いきなり内容を説明するのではなく、

「先日のお客様からの依頼について、相談時間をいただけませんか？」


と、まずは「相手にとってほしい行動」を3秒の一言で伝えます。

そうすることによって、上司は「自分に期待されている行動」（＝相談時間をとる）をすぐに理解できるのと同時に、「なるほど、例の依頼の件か……」というふうに、頭を整理して話を聞く準備ができます。

こういったテクニックはＹｏｕＴｕｂｅでも使われています。

私はコンサルティングファームに勤めながら、ＹｏｕＴｕｂｅｒとして仕事術にまつわるチャンネルを運営していますが、ＹｏｕＴｕｂｅの世界では再生数を伸ばすコツとして「最初の10秒が大事」と言われます。

なぜなら、動画を伸ばすには「視聴者維持率を高くする」ことが必須だからです。

視聴者維持率とは一本の動画をどれだけの時間見てくれているかという指標です。

この指標が高い動画はＹｏｕＴｕｂｅのアルゴリズムで「面白い動画」であると判断され、オススメや関連動画に表示されやすくなります。

では、どうすれば視聴者維持率を高くできるのか？　その方法が「最初の10秒での離脱を防ぐ」ことです。

おおよその目安ですが、ＹｏｕＴｕｂｅでは最初の10秒で20％が離脱すると言われています。

私のチャンネルの場合、最も視聴者維持率が高い動画でも約20％、低い動画だと約40％もの視聴者が10秒で離脱しています。

つまり、離脱を防ぐには「それってどういう内容なの？」とか、「続きを見たい」と思ってもらえるような仕掛けが必要なのです。

例えば、プレゼンのコツを伝える動画を投稿するとしましょう。

その場合、動画の冒頭で延々と内容紹介を続けるよりも、

「相手に伝わるプレゼンに必要なのは『ブロック』と『ブリッジ』です」

といった感じで、結論をズバッと「3秒の一言」で伝えます。

それによって「ブロックって何？」「ブリッジって何だろう？」と、相手が疑問を抱いたり興味を示したりする状態にもっていき、その後に本編に入るほうが離脱率は減ります。

言うなればこれは〝ツカミ〟です。

結論（主張）を端的に伝えたり、とってもらいたい行動をダイレクトに伝えたり、議論すべきテーマを伝えたり……といった具合に、ツカミの言葉で相手の注意や興味・関心を引くことによって、「先の話を聞こう」と思ってもらうのです。

つまり「３秒の一言」とは、言い換えれば**「相手を聞く姿勢にさせる、シンプルな言葉」**なのです。

もちろん、３秒で伝えられるのは説明したい全体の「氷山の一角」にすぎません。

しかし、本質を捉えた言葉なら、たった一言でも相手の興味・関心をひき、こちらの説明を聞く姿勢を取ってもらうことができます。

これこそ３秒で伝える最大の効果です。

「３秒の一言」を伝えることで、相手は「それってどういうことなの？」「なんでそうなったの？」「もっと詳しく知りたい」というふうに、受け身ではなく能動的なコミュニケーションを求めるようになるのです。

POINT

会話ではまず「聞く姿勢になってもらう」ことが重要

シンプルに伝えてから、相手の「？」に答えればいい

私は現在、コンサルタントとして働きだして10年以上になります。今では自分のチームを抱えて後輩の指導をしたり、プレゼン講師として5000人超の方に講義を行ってきましたが、最初から伝えるのが得意だったわけではありません。

相手に伝わらないのが怖くて、「あれも伝えよう、これも伝えよう」となった結果、相手に何も伝わらない……。

そんな場面を何度も繰り返し、人前で話すのが大の苦手で、むしろ**説明下手なことがコンプレックスだった**時期もあります。

そうしたコンプレックスを克服し、人前でもそれなりに話せるようになったのは、前職のITエンジニアからコンサル業界に転職してからでした。

転職当時のコンサル業界は、「UP or OUT」と呼ばれていた時代でした。

ＵＰ or ＯＵＴとは、バリバリ結果を出して評価してもらい昇進（ＵＰ）するか、評価されずに仕事がなくなり退職（ＯＵＴ）するかのどちらかということです。

それだけに、どのコンサルタントも我が強く、同じファームの看板を背負っているにもかかわらず、「上にあがるのは自分だ」という競争意識がすごかったです。

転職当初はわからないことを質問しても、「コンサルならそれくらいは自分で考えろ」と一蹴される始末で、それくらい厳しい組織でした。（今は働き方も大きく変わり、社内教育も充実してだいぶフラットで働きやすい環境になりましたが）

ただ、当時のファーム環境から学べることは非常に多かったです。

その最たるものが、**「シンプルに伝えるのが正解」**ということ。

当時の私は、それこそ冒頭でお伝えした「複雑に考えすぎてしまう人」の典型でした。

前職のＩＴ業界では、話の抜け漏れがプログラムのミスやシステムの不具合を招くおそれがあるため、情報を正しくすべて伝えることが重要視されていました。

そのため私自身、どうしても話が長くなる傾向にありました。

加えて、ほかのコンサルタントがリーダーに散々指摘されているのを見て、もともと臆病な性格とも相まって、正直かなりビビりながら働いていました。

「自分より知識のあるリーダーに難しいことを聞かれたらどうしよう」

「隙があったら突っ込まれるので、抜け漏れなく細かく説明しよう」

「変に突っ込まれるのが怖いから、言い訳をして〝予防線〟を張っておきたい」

そんな具合に、自分なりに突っ込まれるポイントを減らそうと挑んだのですが……結果はいつも惨敗。

「話が長すぎて何が言いたいのかわからん。もっと整理して持ってこい」

報告内容によっては少しイラだちながら**「で?」の一言で片づけられる始末**です。

「で?と言われましても、これがすべてです」と伝えたら、「何が言いたいのかやっぱりわからん」と返されました。

当時のリーダーは、「ザ・コンサル感」が漂い、背中からオーラが出ていてどこか近寄りがたい雰囲気。

でも、このオーラがお客様にとっては「信頼できるコンサル」の証しだというから、「とんでもない業界に飛び込んでしまった」と後悔したものでした。

そんなある日、リーダーに報告しても全然伝わらないことについて、同じチームの先輩に相談したことがあります。

先輩は「ちょっとビビりすぎてない？」と私の心情を理解してくれたうえで、このようにアドバイスしてくれました。

先輩「まず言いたいことだけスパッと伝えたらいいよ。足りないピースは相手から求めてくるから」

私「足りないピース、ですか？」

先輩「キミは誤解されたらダメだと思って、いつも詳しく説明してくれるけど、相手が知ってる情報だったら回りくどく感じるんだよ。スパッとシンプルに伝えたら、相手の頭の中に『？』ができる。あとはその『？』に答えていくだけでいいんだよ」

私「ちょっと意味がわかりません」

先輩「例えば『明日から旅行に行ってきます』って言われたらどう思う？」

私「え、旅行ですか。いいですねー。どこに行くんですか？ってなります」

先輩「だよね。じゃあ『アフリカに行きます』って言ったら?」

私「またどうしてアフリカなんですか?ってなります」

先輩「そうだよね。つまり、『明日から旅行に行く』というシンプルな言葉から『どこに行くの?』とか、『どうしてアフリカなの?』っていう『?』が生まれたよね。この『?』が相手にとって足りないピースなんだよ。

でもキミは、『家族が前々から見たいと言ってたコーヒー豆見学ツアーに参加する目的で、ずっと念願だったアフリカ旅行に明日から行ってきます』みたいに、最初から『?』をぜんぶ自分で埋めようとするから、どうしても話が長くなる。

相手は理解できなかったら質問してくれるから、最初は言いたいことだけ言えば伝わるから」

確かにクライアント先に同行すると、リーダーやマネージャーは「今回、貴社の問題点はここにあると考えます」といった具合に、的確にポイントだけを伝えていました。

そのシンプルな言葉からお客様の質問を引き出し、その質問に対して的確に答えていくことにより、会話を重ねながら信頼を得ていく。

その様子を見て「こういうことか」と、ものすごく腑に落ちました。

私はこれまで「短く伝えると誤解されるのではないか？　正しく伝わらないのではないか？」と思っていましたが、それは誤解でした。

足りないピースは相手が求めてくるという言葉を聞き、「できるだけシンプルに伝えよう」という意識が生まれました。

もちろん、ただ短い言葉で伝えるだけではいけません。

その後も、様々なコンサルの仕事ぶりを観察していてわかったのは、クライアントへの説明を行う際は、

1 あらゆる場面を想定して圧倒的な準備を行う

2 ポイントを絞り込んだシンプルな説明を心がける

というのが、仕事における鉄則だということです。

実際に、我々がクライアントへの説明で使う資料は10枚だけでも、その裏では補足資料として100枚以上を準備しておくことがざらにあります。

ただ、100枚分を言葉で説明していてはいくら時間があっても足りませんし、意思決定のスピードを重視するクライアントに対してやるべき行為ではありません。

しかし、それだけ用意周到に準備しているからこそ自信を持って話せますし、相手が足りないピースを求めてきてもスッと対応できるのです。


圧倒的な準備を行い、そのうえでシンプルな説明を心がける。

それは言い換えれば、物事の本質を徹底的に考え、それをギュッとまとめて、**一言で言えるくらいシンプルな表現にして伝える**ということです。

誤解や抜け漏れを恐れて遠回しな説明をするよりも、端的に伝えて、その後に相手の「?」に答えればいい。

この方法がお互いにとって最も効果的なコミュニケーションなのです。

POINT

シンプルが正解。「足りないピース」は相手が求めてくれる

30秒ではなく「3秒」にこだわる理由

では、シンプルに伝えるのが正解だとはいえ、なぜ30秒でも1分でもなく「3秒」にこだわるべきなのか。

その理由は3つあります。

1 相手の集中力が続く

そもそも、相手はあなたが思っているほど話を聞いてくれていません。

いや、むしろ「長い話を集中して聞けない」と言ったほうが正しいでしょう。

現代人の集中力は劇的に低下しているというデータがあります。

米マイクロソフト社のカナダの研究チームが2015年に発表した資料によると、「現代人の集中力は8秒で、金魚の集中力9秒を下回る」という結果が報告されています。

これは約2000人の脳波などを測った結果で、2000年には12秒程度だった人間の集中の持続時間が、2013年の調査では8秒へと短くなったそうです。

もちろん、その日のコンディションなどによって集中力に差は生じますが、PCやスマホの普及によって過剰な情報量に晒されている今、一つのことへの集中力が総体的に落ちてきているのは間違いないでしょう。

仕事上の重要なやり取りでも、30秒や1分といった時間でさえも最後まで集中できない人が多い――これは現代では、もはや普通のこと。

我々はその前提でコミュニケーションをデザインしたほうがいいのです。

2 言葉がシンプルになる

3秒で伝える意識を持つと、あなたの言葉は研ぎ澄まされていきます。

例えば、あなたが「桃太郎」のストーリーを伝える機会があったとして、次の2つの質問に沿って説明してみてください。

質問① 桃太郎を30秒で要約すると、どんな物語ですか?

質問② 桃太郎を一言で紹介すると、どんな物語ですか？

質問①の場合、おそらく桃太郎のストーリーに沿ってこんな感じで説明すると思います。

「ある日、おばあさんが川で大きな桃を拾い、家に持って帰りました。おじいさんがその桃を割ってみると中から男の子がとび出しました。２人はビックリして、その子を桃太郎と名づけました。

大きくなった桃太郎は、ある日鬼ヶ島にいる鬼の悪い噂を聞き、鬼退治に出かけることになりました。桃太郎は犬・猿・キジを仲間にし、鬼ヶ島に渡りました。桃太郎は犬・猿・キジとともに鬼を退治し、おじいさん、おばあさんといつまでも幸せに暮らしました」

これを実際に読み上げてみると、だいたい30秒になります。

では質問②です。桃太郎を一言で言うと、どんな物語ですか？

おそらく皆さん、少し考えた後にこんな感じで答えると思います。

「桃から生まれた桃太郎が、鬼を退治する物語です」

こうして2つの文章を比較するとわかりますが、30秒という時間だとかなり多くの情報を盛り込めます。

今回は桃太郎というわかりやすい例なので理解しやすいですが、これが仕事の報告や説明だと、相手は一度に多くの情報を伝えられるので、たった30秒でも複雑だと感じるはずです。

一方で、3秒で伝えることを意識すると、内容がとてもシンプルになります。

「桃から生まれた桃太郎が、鬼を退治する物語です」という一言には、おじいさんやおばあさんは登場しませんし、犬、猿、キジも出てきません。

しかし、物語の全容を捉えていてどんな物語であるのかはシンプルに伝わります。

このように「3秒で伝える」という意識を持つと、あなたのメッセージがシンプルになり、相手にとって理解しやすい内容になるのです。

3 「ロジカルに考える力」が自然と身につく

ここでもう一つ質問です。

先ほどの桃太郎を30秒で要約する場合と、一言で伝える場合に、それぞれどういったプロセスでまとめましたか？　思い出してみてください。

まず30秒で要約したときです。

おそらく頭の中では、おばあさんが川へ洗濯に行く場面から、最後に鬼を退治して帰ってくる場面までを順番に並べていったはずです。

各シーンをダイジェストのようにつなげて、短すぎたら補足し、長すぎたら削っていく。そうやって30秒に要約したと思います。

一方で、桃太郎の内容を一言で伝えるためにはどのように考えたでしょうか？　おそらく、無意識のうちに次ページ図2のような5段階の思考プロセスを踏んだはずです。

図2　桃太郎を「一言で伝える」思考プロセス

①どう回答すればいいのかを整理する

「どういう物語なのか」を説明しつつ「一言」でまとめればいい

↓

②「論点」を立てる

「物語が理解できる最もコアな部分は何か？」という論点を立てる

↓

③全体からポイントを探す

①「主人公は桃から生まれ桃太郎と名づけられた」
②「犬、猿、キジを仲間にした」
③「鬼ヶ島に渡り鬼を退治した」
という物語のポイントを抽出する

↓

④「最も重要な部分」を選ぶ

今回の回答に必要なのは①と③の要素だと判断

↓

⑤短いシンプルな言葉にする

「桃から生まれた桃太郎が鬼を退治する物語です」

このように、シンプルな言葉の裏には複雑な思考プロセスが隠されています。

2つの回答で、それぞれの頭の使い方の違いを比較すると、

- **30秒の説明 ➡ 物語の流れに沿って、少しずつ短くする**
- **3秒の説明 ➡ 全体からコアとなる出来事を抽出してシンプル化する**

このような違いがあります。

30秒の説明の場合、特に思考を働かせなくても、長い文章を短くする〝単純作業〟だけで十分にできてしまいます。

一方、3秒の一言で伝えるとなると、たとえ桃太郎のようなわかりきったストーリーであっても、少し立ち止まって頭の中で整理しないといけません。

つまり、30秒や1分、3分などで伝える場合と、3秒で伝える場合の決定的な違いは、「**本質的なメッセージを考える**」ところにあるのです。

もちろん、現実のビジネスシーンでは30秒でも短いし、1分や3分で説明する場面のほうが多いのは事実です。

ただ、今回の例のような意識をしないと、出来事を単に時系列で説明するだけになってしまい、論理的な思考は身につきません。

重要なのは、

「本質的なメッセージは何か？」

「どう伝えれば、相手に一言でも伝わるのか？」

「そのメッセージを伝えるための究極の一言は何か？」

そんな思考を繰り返すことです。

そして、これは実質的にロジカルシンキングと同じ思考訓練をしているのです。

POINT

物事の本質を考えないと、ただの「作業的な説明」になる

3秒の一言を生む、2つの力

本質を捉えた「3秒の一言」は、相手を聞く姿勢にさせる。
同時に、シンプルな言葉を意識するとロジカルに考えるクセがつく。
そうした効果が伝わったかと思います。

ただ、口で言うのは簡単ですが、実践するのは難しいのがこうしたノウハウ。
相手に伝えるべき内容をどう選んだらいいのか？
短く伝えるにはどうすればいいか？
それには2つの力を養う必要があります。その力とは、

- ✓ 本質的な内容（コアメッセージ）を見つけ出す力
- ✓ 言葉をシンプルにする力

この2つです。

まず必要なのは、何かの説明をする時にコアとなるメッセージ、つまり「相手に何を伝えると最も効果的か？」という内容を明確にしていく能力です。

同時に、メッセージを「どのように相手に伝えるか」と考え、言葉をシンプルにしていく能力も必要です。


例えば、上司に回線トラブルの原因を報告する場面があったとします。

多くの人は、

✕

「先日問題になったネットワークトラブルの件ですが、専門チームをつくって原因をいろいろと調べてみました。そうしたら、ネットワーク機器4台のうち一台が故障していました。なので、その故障した一台が原因でトラブルが発生したものと思われます」

といったように、時系列に詳細を伝えていくと思います。

でも、これだとノイズになる情報が多すぎてメッセージがスパッと相手に伝わりません。

そこで、伝えたいメッセージを絞り、もっとシンプルな言葉にすると、

○

「先日のトラブルはネットワーク機器の故障が原因でした」

といった、頭の中にスッと入ってくる表現に変わります。


私はプレゼン指導を行うなかで「メッセージは一つに絞ろう」と伝えています。

人は一度に多くのことを伝えられても、理解できません。

だから一度のコミュニケーションの中で伝えるべきメッセージは、一つに絞る必要があるのです。

先ほどの例文で言えば、

「専門チームをつくってトラブルの原因を調べてみました」

「ネットワーク機器4台のうち一台が故障していました」

「その故障した一台がトラブルの原因だと思います」

という、3つのメッセージが盛り込まれていました。

どれも重要な要素ですが、これらを順番にすべて伝えると、相手は「結局、どれが重要なの？」と探り探りの状態で話を聞くことになります。


そうではなく、**まずは最も重要なメッセージを「3秒の一言」で伝える。**

そのうえで、残りの情報は後から補足すればいいのです。


一度のコミュニケーションで伝えるべきメッセージは、一つに絞る。

これを意識して、いかに説明をシンプルにするかを考えることが重要です。

そのために必要な、「コアメッセージを見つけ出す」「言葉をシンプルにする」という2つの力を身につける方法は、第3章で詳しく解説します。

POINT

アレもコレも伝えるのではなく、メッセージは一つに絞る

人はロジックだけでは動かない

3秒で伝える意識を持つと、ただ情報を並べるのではなく、物事の本質を考えたうえでシンプルに伝えるようになります。

話す前に少し立ち止まり、「今、いちばんに伝えるべき内容は？」「相手にとってわかりやすいシンプルな言葉は？」と考える。

それはロジカルシンキングの思考訓練と同じような効果を生み、物事を論理的に考える力が身につくはずです。

ただ、ここで勘違いしてほしくないのは、**「論理的に考える」のと「論理的に話す」ことはまったくの別モノ**だということです。

現役のコンサルとして誤解を恐れずに言えば、ロジカルシンキングを学ぶだけでは「相手を動かす説明」ができるようにはなりません。

なぜなら、コミュニケーションとは、あくまで〝相手ありき〟だからです。

そもそもロジカルシンキングとは、分析や推論を用いて問題を解決し、意思決定を行うための思考スキルです。

事実やデータに基づく論理的な結論を導き出すことを重視しているので、「この主張は正しい」とか、「このデータは根拠や事実を示している」と、自分の正しさを証明するのにとても役に立ちます。

しかし、ロジカルシンキングを学び、客観的事実に基づいて正しい主張をしたにもかかわらず、相手は動いてくれません。

それは**「相手の感情や状況をロジックに取り込めていない」**からです。

以前、私が所属する組織には、物事をなんでもロジカルに考えるベテランのコンサルがいました。

ある日、彼やその部下たちと一緒にランチを食べる機会があったのですが、部下から「和食と洋食のどっちがいいですか?」と聞かれると、「なんで中華はないの?」と面倒な質問（選択肢の抜け漏れを指摘）をして、「噂通りの人だな……」と思ったことがあります。

これはやや極端なエピソードですが、ロジカルシンキングを重視すると、「正しさを求めすぎてしまう」という弊害が起きます。

論理による裏付けを重要性や緊急性などと関係なく求めてしまい、どうでもいいことに対しても〝理屈っぽく〟なってしまうのです。

あなたも「この人が言っていることは正論だし間違いないけれど、どうも気に障るからやりたくないな……」などと思ったことはありませんか？

私はこういったタイプの人を、「超左脳思考型」と呼んでいます。


人は正論だけでは動きません。

人が動くのは感情が動いたときです。

「欲しい」とか「それがやりたい」とか「腹が立つ」、あるいは「マズい」といった感情に変化が起きたときに行動します。

例えば、あなたがデパ地下でついスイーツを衝動買いしてしまったとき、どんな感情が湧いたかを考えてみてください。

「お腹がすいていたので、すごく美味しそうに見えた」

『限定』という言葉に釣られて、つい欲しくなってしまった」

「SNS映えしそうなインパクトがあった」

「これを買って帰ると家族が喜ぶと思った」

こうした、「空腹を満たしたい」「もう買えなくなるかも」「家族の喜ぶ顔が見たい」といった感情の変化が、あなたに「スイーツを買う」という行動をとらせます。


ビジネスの場面でも同じです。

「この商品なら安心して部長に決裁してもらえる」

「この人は信頼できるし安心感がある」

「こんなに頑張ってくれたので心を打たれた」

「いい案だけど、横柄な態度が気に食わないから断ろう」

といった具合に、感情が動くことでそれぞれ行動につながっていきます。

そのような人間の本質的な衝動に対して、ロジカルシンキングは〝感情への訴求〟がものすごく弱いのです。

なぜなら、論理的な結論を導き出す時点では、感情を排除する必要があるからです。「A案とB案があり、データに基づくと明らかにA案のほうが売り上げは伸びますが、A案はあまり好きじゃないので今回はB案を採用します」なんて結論を出したら、データを分析する意味などありません。

だからこそ感情を排除し、あくまで事実やデータファーストで意思決定を行います。

しかし、感情を排除して論理的に正しい結論を導き出したところで、それだけで相手は動いてくれません。

では、相手に動いてもらうにはどうすればいいのか？

そのためには、「論理的に考える」＋「相手の感情や状況をロジックに取り込む」ことが必要になります。

これは言い換えれば、**「説得」と「納得」の違い**です。

言葉は似ていますが、２つの違いは主語を考えるとすぐにわかります。

「説得」をするのは誰か？　そう、これは伝える側です。

一方で、「納得」するのは誰でしょうか？　そう、こちらは説明を受ける側です。

私は説明するときはいつも、**『相手から『なるほど！』と言ってもらうにはどうすればいいか？』**と、意識しています。

単純ですが、相手が納得するということは、「なるほど！」という感情を引き出すことだからです。

正論を振りかざして「説得」をするだけでは、話し手が主体なので、いつまでたっても相手に行動してもらえません。

そうではなく、相手目線に立ち、相手の「納得」を意識して伝えることで、こちらの主張を受け入れてもらいやすくなるのです。

POINT

人が動くのは「感情の変化」が起きたとき

「自分の筋道」ではなく「相手の筋道」で伝える

ビジネスを動かしているのは、あくまで人であり、感情です。

実際のビジネスの現場では、どれだけ客観的事実やデータを並べられても、意思決定できない様々な事象が存在します。

「組織内の力関係があるので、順序を踏まないと受け入れてもらえない」

「付き合いの長い相手なので無視できない」

「異なる考えを伝えると、急に相手の機嫌が悪くなる」

こうした、いわゆる〝大人の事情〟に対応するには、一方的に正論を振りかざすのではなく、相手の状況を理解したうえで寄り添うように伝えることが求められます。

ここでひとつ質問です。そもそも「論理的な説明」とは、どのようなものでしょうか？

よくあるイメージとしては、

✓ 話のつじつまが合っている
✓ 話の内容に矛盾がない
✓ 抜け漏れなく丁寧でわかりやすい

といったものでしょう。

これらはどれも正解だと思いますし、私も論理的な説明とは、「話の筋道が通っていること」と定義しています。

しかし、なぜ多くの人がその言葉の意味を理解しているのに、相手にちゃんと伝わる説明ができないのか。

それは伝える内容を、「〝自分〟にとっての論理的な筋道」で考えてしまうからです。

例えばプレゼン資料を作って相手に説明する場面。

論理的に流れを整理して作った資料は自分で見返すと流れもわかりやすく、とてもよくできている気がします。

しかし、自信満々で臨んだプレゼンではまったく相手に伝わらず、結果は惨敗。

プレゼンをしたことのある人なら、一度はこのような経験をされているでしょう。

多くの場合、プレゼン失敗の原因は「この資料を見る人は誰か？」「プレゼンの相手は誰か？」という意識の欠如です。

それを意識せず、自分の筋道だけで作った資料では、自分にとってはわかりやすいけれど相手にとってはわかりにくくなってしまいます。

ほかにも何か難しいジャンルの専門家の話を聞いたときに、「話が飛躍しすぎていてまったく理解できない」などと感じたことはありませんか？

実際には彼らの頭の中ではいろんな前提がつながっているのでしょうが、それを省略した説明をしがちなので、周りの理解が追いつかないのです。

相手に何かを説明したりプレゼンしたりする場面で重要なのは、「**相手にとっての筋道で考えること**」です。

例えば、次ページ図3のケースのように、自分の主張を伝える前に少し立ち止まって、考え方の転換をしてみることです。

図3 「相手が納得する」話の筋道を考える

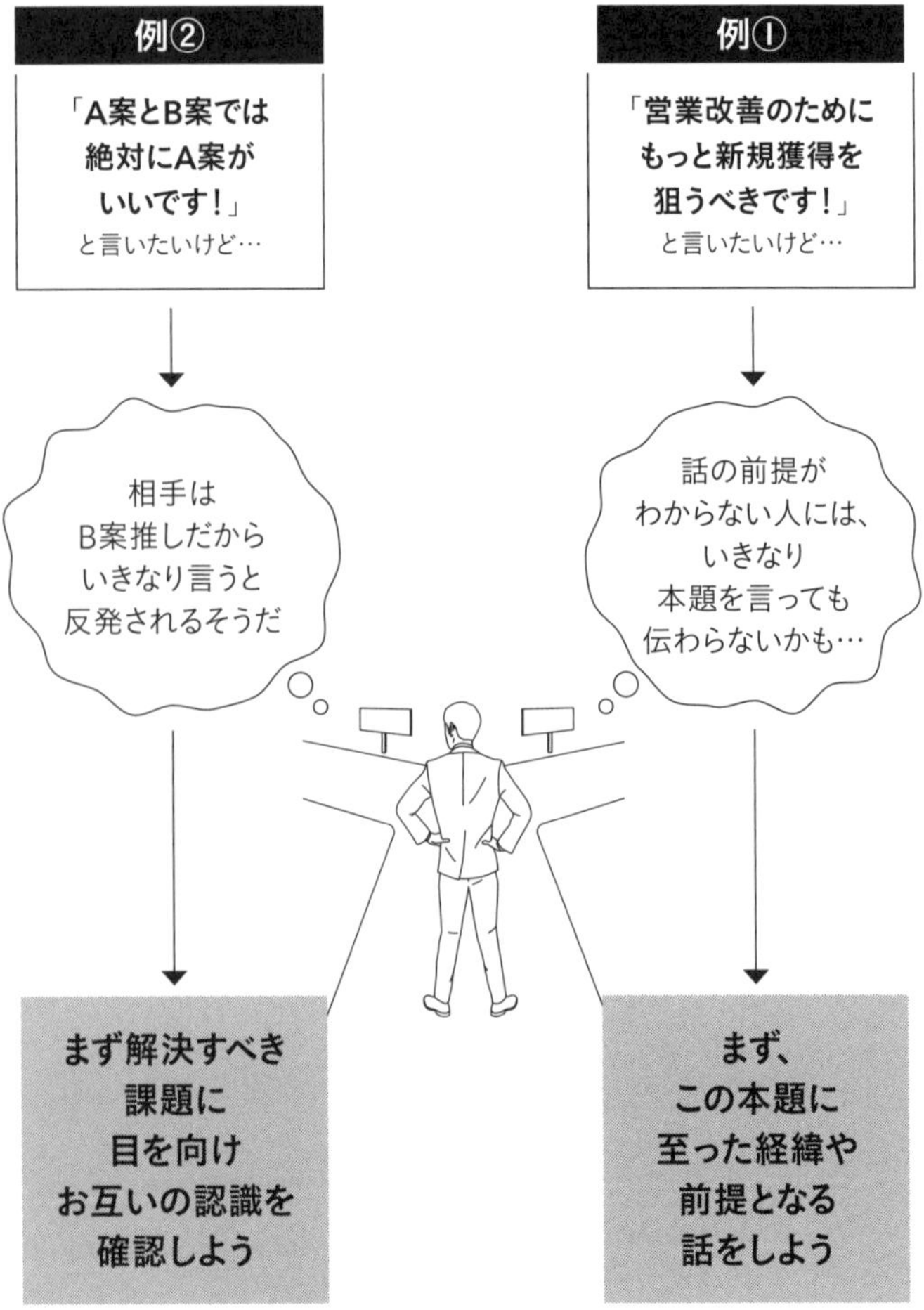

例①
「営業改善のためにもっと新規獲得を狙うべきです！」
と言いたいけど…
話の前提がわからない人には、いきなり本題を言っても伝わらないかも…
まず、この本題に至った経緯や前提となる話をしよう
例②
「A案とB案では絶対にA案がいいです！」
と言いたいけど…
相手はB案推しだからいきなり言うと反発されるそうだ
まず解決すべき課題に目を向けお互いの認識を確認しよう

例①の場合、本当は「営業改善のために、もっと新規獲得を狙うべきです！」と言いたいけれど、相手が話の前提がわからない人だったら主張がうまく伝わりません。

この場合、最初に伝えるべきなのは、「先日の会議で、営業部門に課題があり改善が必要だという話になりました」といった結論に至った過程や前提を揃える一言になります。

また例②の場合、本当は「絶対にA案がいいです！」と言いたいけれど、相手がB案を推しているなら、感情的になり聞き入れてもらえない可能性が高いです。

なので、いきなり主張から入るのではなく、「この課題に対して、よりいい解決策を一緒に考えましょう」といった言葉を発したほうがいいのです。

それによって、課題解決というゴールに向けて、「あなたと同じ方向を向いている」という共通認識を確認することができます。

このように、相手に合わせた話の筋道を用意して、**〝納得感〟を得られる説明の仕方を考える**ことが重要です。

「結論を言う前に前提を揃える」とか、「主張をしたいけどまず認識を合わせる」という考えは、一見すると、回りくどい言い方を推奨しているようにも見えます。

ただ、このような前提を揃えたり認識を合わせるための一言は、決して回りくどい言い方にはなりません。

会話において回りくどいと感じるのは、相手が既に前提を知っているのに前提を伝えたり、テーマがわかっていて結論を知りたいのにテーマについて長々と説明するからです。

つまり、**「理解の重複」が起きるときに相手は回りくどいと感じる**のです。

逆に、前提が揃っていなかったり認識が合っていない状態で結論から端的に伝えても、それ自体が感情の衝突やコミュニケーションのミスを招きます。

相手の状況を理解し、相手の筋道に沿った伝え方をする。

相手から信頼を得るには、この〝心遣い〟がとても重要なのです。

私の友人に、患者からとても評判のいい医者がいます。

本人は「自分は手術の腕がすごいとか誰よりも知識があるとかではない、いたって普通の医者」と言いますが、彼にはほかの医者よりも秀でている点があります。

それは、患者にもわかる言葉で症状などを説明してくれることです。

彼は患者に伝えるときには「常に患者目線を意識している」と話していました。

患者の状況や感情を理解して、専門的な内容でも相手にわかる言葉で伝える。

時には患者がショックを受ける内容を伝えないといけないが、そういった場合でもストレートにではなく、できるだけ患者にショックを与えない言葉選びをする。

そういった心遣いができるから、患者からの信頼が厚くなるのでしょう。


ビジネスにおいても、論理的に伝える力のある人とない人がいます。

それはロジカルシンキングを理解しているかどうかという差ではありません。

論理的に伝える力のある人とない人の差は、「自分の筋道で説明するか」「相手の筋道に沿って説明するか」という、意識の差だけなのです。

POINT

説明の前に「相手が納得する筋道」を考える

第2章

3秒の一言を使う「7つのパターン」

――ビジネストークには押さえるべき「型」がある

3秒の一言とは、相手を聞く姿勢にさせるシンプルな言葉です。
3秒ではすべての情報を伝えることはできませんが、
本質を突いた一言を用いることによって、
相手に話の続きを受け入れやすくさせます。
では、3秒の一言とはどのような状況で生きてくるのか。
第2章では7つのパターンを紹介します。
「どのような相手」に対して
「どのような状況」で使えば効果的なのか。
それを確かめてください。

「何から」「どの順番」で話すのが正解か？

この章の本題に入る前に、ビジネスコミュニケーションにおける「型」の話をしたいと思います。

一般に言われる「結論から伝えなさい」は、確かに説明の王道です。

しかし、すべてのシチュエーションでそれが正解とは限りません。

そこで皆さんに紹介したい「説明の型」が、4つあります。

1 PREP（プレップ）法

まず、結論から伝えるための方法として、プレゼンから資料作成までさまざまな場面で活用できるのが、「PREP（プレップ）法」です。

PREP法とは、次の言葉の頭文字を表したもので、順番に、

①Point：結論（主張）
②Reason：理由（根拠）
③Example：具体例（データ）
④Point：結論（主張）

という流れをつくることで、相手に伝わりやすい説明ができるというものです。

例えば、あなたが「社内教育のためにオンライン学習サイトの導入を提案する」という場合なら、

「我が社にもオンライン学習サイトの導入が必要です」（結論）
「社員が最新のコンテンツを、好きな時間に効率的に学べるからです」（理由）
「対話型AIが発表された2ヵ月後にはすでにAI関連コンテンツが提供されるなど、新しい技術への対応も早いです」（具体例）
「なので我が社にもオンライン学習サイトを導入しましょう」（主張）

といった感じで、まず結論や主張を伝え、そこに至った理由を続けます。

そして、具体的な事例やデータを述べたうえで最後にまた結論や主張で締めます。

こうしたテクニックを知っているだけで、ロジカルシンキングを学んでいなくても論理的でわかりやすい説明ができるようになります。

まさに全ビジネスパーソンが知っておくべき話法でしょう。

2 TPREP（ティープレップ）法

しかし、実際のビジネスシーンでは、PREP法が〝悪手〟になるケースもあります。

それは、相手との認識がズレているときです。

「そもそも何のテーマについて話すんだっけ？」といった具合に認識がズレている場合、いきなり結論を伝えても相手が混乱してしまうだけ。

このようなときは、最初にテーマ（Theme）を伝えてから結論を述べたほうがスムーズに伝わります。

そこで紹介するのが、「TPREP（ティープレップ）法」です。

これはＰＲＥＰ法の最初にテーマの頭文字「Ｔ」を付け加えた型で、このような順番になります。

①Ｔｈｅｍｅ：話のテーマ
②Ｐｏｉｎｔ：結論（主張）
③Ｒｅａｓｏｎ：理由（根拠）
④Ｅｘａｍｐｌｅ：具体例（データ）
⑤Ｐｏｉｎｔ：結論（主張）

先ほどのオンライン学習を導入する例で考えると、

「今日は新しい社内教育のやり方についてお話しします」**（テーマ）**
「我が社にもオンライン学習サイトの導入が必要です」**（結論）**
「社員が最新のコンテンツを、好きな時間に効率的に学べるからです」**（理由）**
「対話型ＡＩが発表された２ヵ月後にはすでにＡＩ関連コンテンツが提供され

るなど、新しい技術への対応も早いです」（具体例）
「なので我が社にもオンライン学習サイトを導入しましょう」（主張）

このように、テーマ→結論→理由→具体例→主張と順序立てて話すことで、相手との認識の齟齬が生じにくくなります。

3 TNPREP（テンプレップ）法

ここにもう少し、工夫を入れてみましょう。

それが、伝えたい数（Number）を最初に伝えて、相手の理解をより深める方法です。

これは「TNPREP（テンプレップ）法」と言われ、皆さんも説明を受ける際に「お伝えしたいポイントは○つあります」などと言われたことがあると思います。


TNPREP法は次のような流れで話を組み立てます。

①Theme：話のテーマ

②Number：ポイントの数
③Point：結論（主張）
④Reason：理由（根拠）
⑤Example：具体例（データ）
⑥Point：結論（主張）
↓③〜⑥をポイントの数だけ繰り返す

先ほどからの例をアレンジして説明するなら、

「今日は社員教育のやり方についてお話しします」**（テーマ）**
「効果的な社員教育の方法として3つの案があります」**（ポイントの数）**
「まず1つ目がオンライン学習サイトの導入です」**（結論）**
「『オンライン学習サイトは、社員が最新のコンテンツを好きな時間に効率的に学べます」**（理由）**
「対話型AIが発表された2ヵ月後にはすでにAI関連コンテンツが提供され

るなど、新しい技術への対応も早いです」（具体例）
「なのでオンライン学習サイトは有力な方法の候補となります」（主張）
「次に2つ目の案は……」
「そして3つ目の案は……」

ただ、このようにテーマを先に話してもダメなときがあります。

それは、相手が反対意見を持っているときです。

そもそも相手は反対する姿勢なのに結論や主張から伝えてしまうと、相手が否定的になったり感情的になったりして、話が進まなくなってしまいます。

では、反対意見を持つ相手に聞く姿勢になってもらうために重要なことは何か。

それは、「建設的な意見対立」だと理解してもらうことです。

そのためには、「私もあなたと同じ方向を向いています。ただし進め方に意見の相違があるだけです」というメッセージを受け取ってもらう必要があります。

4 IREP（アイレップ）法

そこで紹介する方法が、「IREP（アイレップ）法」という型です。

①Issue：論点（課題）
②Reason：理由（根拠）
③Example：具体例（データ）
④Point：結論（主張）

このような単語の頭文字になっています。

PREP法との違いは、Point（主張・結論）から始めるのではなく、「Issue」（論点）から始まること。

つまり、いきなり結論を伝えるのではなく、「今回の課題は○○ですよね」という問題認識の共有から始めるのです。

そのうえで、「向かうべきゴールは同じなので、一緒に問題を解決していきましょう」

というメッセージを伝えていきます。

後述する「3秒の一言の使い方／パターン4」はまさにコレで、相手が反対意見だったり課題を共有できていないときは、会話の冒頭で「お互いの認識をすり合わせる」作業をすべきなのです。

例えば、先ほどの社員研修の方法を議論する場で、あなたはオンライン学習サイトの活用をすすめたいけれど、上司は集合研修のほうがいいと思っていたとします。

その際は、「オンライン学習を取り入れるべきです」という主張から話すのではなく、次のような流れが求められます。

「ビジネス環境は変化が早いので、皆さんも社員教育が追いつかないという危機感を抱いていると思います」**(論点)**

「その解決には、タイムリーな学習コンテンツが追加される状況が望まれます」**(理由)**

「例えばオンライン学習サイトでは、対話型AIが発表された2ヵ月後にはすでにＡＩ関連コンテンツが提供されるなど、新しい技術への対応も早いです」
（具体例）
「なので、オンライン学習サイトを導入することが、私たちの課題解決につながると思います」**（結論）**

最初に伝える一言は、双方が「そうだよね」と同意できることが重要です。

もし相手が反対意見でも、抱いている課題感、つまり最初の「Ｉ」が共有できれば最後の提案まで話を聞いてもらいやすくなります。

さらにこのケースでは、相手を否定しないかたちでオンライン学習サイトでの教育が集合研修よりも効果的であると判断できる要素を伝えることができれば、より建設的に検討してもらえるでしょう。

このように、結論から伝える話し方は非常に万能で有効ですが、状況に応じたアレンジが求められます。

そして、この**４つの型の最大の違いは、「最初に何を話すか」**という点です。

最初に何をどう伝えるかで、相手の受け入れ態勢はガラリと変わります。

だからこそ、まず「今、この相手には何を伝えるべきか」という内容を考えなければならないのです。

そのうえで、最も重要なメッセージを「3秒の一言」としてシンプルに伝えて、相手に聞く姿勢をとってもらうことが必要なのです。

では、このような説明の型を踏まえたうえで、次ページからは「3秒の一言」をどう使うのかパターンに分けてお伝えしましょう。

POINT

伝える順番は、相手の状況によって変える

▼パターン①　結論（主張）を伝える▲

例……上司に事業の分析結果を報告したいとき

✕

「データを見る限り、売上高は順調に伸びていますね。前年度の売上高は約□□億円だったのですが、それに対して本年度は△△億円にまで増えています」

○

「売り上げは伸びているので、費用面を見直せばさらに利益は改善できます」

最初に紹介するのが、結論や主張から伝えるパターンです。

ビジネスコミュニケーションで最も重要とされるのが、結論や主張など「何が言いたいのか？」を伝えることです。

私がコンサル業界に入ってから最初に言われたことは、「結論ファースト」ということでした。

若手のコンサルは先輩や上司から、「相手と話すときは、必ず自分の考えや意見を持て」と口酸っぱく言われます。

上司と会話をしていても、「どうしたらいいですか？」とか、「何かいい方法はないですか？」といった質問ばかりしていると、「何も考えていない」「自分の意見がない」と思われ、評価されません。

相手に何かを伝える際には、自分の中で結論や主張は必ず準備しておく。

それを意識していなければ、どんな話し方のテクニックもムダです。

この先いくつかのパターンをご紹介しますが、**すべては結論や主張を伝えるために必要なコミュニケーション**だと理解しておいてください。

ただ、ここで勘違いしてはいけないのは、**「単に事実を述べるのは、結論（主張）ではない」**ということです。

先日も、若手社員と所属チームのリーダーの間でこんなやりとりがありました。

若手社員「このデータを見る限り、売り上げ高は順調に伸びています」
リーダー「それはわかったんだけど、主張がないんだよ」
若手社員「え、主張ですか？」（売り上げ高が順調に伸びてるってのが主張なんだけど……）

このやりとり、なぜダメなのかというと、自分の言いたい結論（主張）に「示唆」が入っていないからです。

コンサル業界に入ると、最初はファクト分析という作業を任されることが多いです。

ファクト分析とは、事実やデータを正確に読み取り、それに基づいて意見を述べることを言いますが、そこで重要視されるのが示唆です。

データをファクト、つまり事実とみなし、「その事実から何が言えるのか？」という示唆を出すこと。これが重要なのです。

「売り上げは順調に伸びている」というメッセージは事実であり、この事実は分析すれば誰でもここにたどり着きます。

コンサルの仕事は事実を提示することではないので、これだけならわざわざ高い報酬を払って仕事を依頼する意味がありません。


大事なのはここからです。

つまり、「売り上げは順調に伸びている」という事実からどういったことがわかるのかという示唆を伝えてこそ、はじめて本当の結論（主張）と言えます。

例えば先ほどの若手社員とリーダーの会話のケースなら、

「売り上げは伸びているので、費用面を見直せばさらに利益は改善できます」

といった言葉に落とし込んで、はじめて結論・主張になるのです。

この後半の「費用面を見直せば、さらに利益が改善できる」という自分の考えや示唆を前面に出せるかがポイントで、これがあるだけで説得力がぐんと高まります。

事実をそのまま伝えるだけの〝報連相〟（報告・連絡・相談）は誰にでもできます。

その内容をさらに有益なものにするには、事実に示唆を加えてあげることです。

自分の結論（主張）の説得力に自信がない人は、この「事実＋示唆」で伝えるということを覚えておいてください。

POINT

結論（主張）を「事実＋示唆」で伝えると説得力が増す

パターン② テーマを伝える

例……クレームについて上司に相談したいとき

×

「昨日、お客様からクレームを受けまして、私としては正しい対応をしたつもりなのですが、なぜか先方からは『話が違う』と言われてしまいまして……」

○

「A社に納品したドキュメントについてクレームを受けました」

普段から頻繁にコミュニケーションを取っていて、ある程度お互いの状況を共有できている相手であれば、結論や主張から伝えるコミュニケーションが効果的です。

書籍などで「結論から伝えなさい」と書かれている理由はここにあります。

しかし、結論を急ぐあまりに「何についての話をしているのか？」「誰の話をしているのか？」という、**話のテーマや主語を置き去りにしてしまう場面**をよく見かけます。

例えば、いきなりこんな話をされたら、あなたはどう思いますか？

> 「力の掛け具合って大事だと聞きます。角度の問題だったりするとも聞いたことがあります。でも、人それぞれクセがあるので、たまには専門家にみてもらったほうがいいと思いますよ」

これが何の話か理解できたでしょうか？

ゴルフの話？　筋トレの話？　そんな具合に、何の話なのかがわからないので、話がまったく入ってこなかったはずです。

実はこの文章は、歯磨きについて書いたものです。

では、今度は「歯磨きの話」だと理解したうえで読んでみてください。

「（歯磨きをするときは）力のかけ方や角度が大事だけれど、人にはそれぞれ磨き方のクセがあるので、たまには歯医者さんに行ったほうがいいですよ」というアドバイスだと、すぐに理解できたでしょう。

この「何のテーマについて話しているのか？」という視点は、仕事においてとても重要です。

例えば上司に対して、「昨日、お客様からクレームを受けまして、私としては正しい対応をしたつもりなのですが……」といった具合に、テーマがぼやけたまま説明すると、上司は違うお客様をイメージしてしまい、話が噛み合わなくなる恐れがあります。

こうしたテーマを飛ばした説明は、**自分の頭の中で〝話のストーリー〟が完成してしまっているときにやりがち**です。

自分の世界で説明をしてしまうので「それって何の話？」「誰のことについて話してい

るの？」と言われてしまうのです。

そこで普段から意識しておくべきことは、**「誰についての」「何の話なのか」を、ハッキリと具体的に伝える**ことです。先ほどのクレームの相談にしても、

「○○さん、A社に納品したドキュメントについてクレームがありました」

と伝えてから説明に移れば、上司もA社に納品したドキュメントの話だと理解できるのでコミュニケーションが円滑になります。

伝える内容が何の話なのかが相手にわかりにくかったり、あるいは普段と違うテーマで話したりするときは、**「最初にテーマを具体的に伝えてから本題に入っていく」**という流れを、より意識してください。

POINT

最初に「テーマ」を具体的に伝えて、理解の〝ズレ〟を防ぐ

▼パターン③　説明の予告をする▲

例……製品の紹介をしたいとき

× 「この製品の特徴をご紹介します。まず1つ目は機能面についてです。（1つ目の説明を挟んで）2つ目は品質面について。（2つ目の説明を挟んで）そして3つ目は価格面についてです」

○ 「この製品の特徴を機能面、品質面、価格に分けてご紹介します」

説明する際に意識してほしいのが、「相手はその情報を初めて聞く」ということです。相手に聞く姿勢を取ってもらい、より集中して聞いてもらうには、できるだけ相手が整理しやすいように伝えなければいけません。

頭の中で整理する頻度が増えれば増えるほど相手の集中力は落ちていき、話の内容も頭に入ってこなくなります。

では、どうすれば相手は話の内容を整理しやすくなるのか。

そのために有効なのが「説明の予告」です。

そのテクニックの一つに、**話の最初に「伝えたい数を伝える」**というものがあります。

プレゼンのノウハウで見かける、「ポイントは3つあります」という伝え方ですね。

事前に要点の数を伝えないまま説明を続けると、相手は「この話のポイントはどこなのか？」と勘繰りながら聞くことになります。

一方、ポイントは3つだということが事前にわかっていれば、「3つ聞けばいいんだ」という心の準備ができるので、集中すべきポイントが明確になります。

会議の冒頭でアジェンダについて説明をしますが、これも同じ効果を狙ったものです。60分の会議中ずっと集中し続けるなんてことはできないので、みんな「自分に関係のあるテーマはどこか？」と探りながら話を聞いています。

だから最初に「こんな話をします」と説明の予告をして全体図が見えれば、結果的に相手の集中力が高まり、理解が進むのです。

数を伝えるコミュニケーションは、説明するときだけでなく様々な状況に応用できます。

例えば質問を行う場面でも、

「今のご説明について、二点質問があります」

と伝えることで、相手は心の準備ができます。ポイントがひとつしかない場合でも、

「一点、ご報告があります」

と伝えたほうが効果的だったりします。

さらにこの応用として、ポイントが何らかのカテゴリーに分類できる場合は、そのカテゴリーに分けて伝えると、より整理しやすくなります。

例えばこんな場面です。

×

「3つのポイントをご説明します」

○

「過去・現在・未来に分けて、それぞれのポイントをご説明します」

このように言ったほうが、無作為に「3つ」と言われるよりも情報が整理されて相手も理解しやすくなります。

ほかにも、

×

「この製品には3つの特徴があります」

○

「この製品の特徴を、機能面、品質面、価格に分けてそれぞれご紹介します」

といった具合に、単に数を示すだけでなく、**構造を示すことでより相手の理解を深める**ことができます。

言い方ひとつでまったく印象が変わってくるので、ぜひ商談やプレゼンの際などに試してみてください。

POINT

「説明の予告」をすることで、相手は聞く準備を整えられる

▼パターン④　お互いの認識を揃える▲

例……上司にタスクについて相談したいとき

✕

「部長、昨日決まった営業部門へのヒアリングの件ですが、この後どういうふうに進めたらいいでしょうか？」

○

「昨日のリーダー会議で営業部門にヒアリングすることが決まりました。それについて相談させてください」

お互いに認識が共有できている場合は、ここまで紹介してきた一言を最初に伝えることで話のピントが合います。

しかし、そもそも**「相手との認識がズレている」場合には、違ったアプローチが必要**になります。

前提を理解していないまま具体的な話をしても、何について話をしているのかがわからず、相手はあなたのペースについてこられないからです。

例えば、上司に対して「昨日決まった営業部門にヒアリングをする件ですが……」とテーマを伝えてから相談しようとしたとします。

しかし、上司がそもそもの状況を把握できていなければ、「え、そんな話がいつ決まったんだ?」と混乱するばかりでしょう。

説明をする際に陥りがちな勘違いに、**「自分が伝える話は当然、相手も知っている」という思い込み**があります。

特に上司に伝える場合などは「上司なのだから、自分のことをすべて理解してくれているはず」などと思いがちです。

同僚に対しても、「チームで検討したから当然みんなは知っているだろう」とか、「昨日の会議で話したことなので全員が理解しているはず」といった具合に、知っていることを前提にして物事を進めることがよくあります。

しかし、実際にはお互いの課題認識や論点理解度といった話の前提がズレていることは頻繁に起こります。

そうした事実に気づかず、思い込んだ状態で話を進めると非常に危険です。

だからこそ、「最初に前提を揃える」というアプローチが必要になります。

先ほどの例なら、「営業部門へのヒアリングの件ですが」という伝え方ではなく、

「昨日のリーダー会議で営業部門にヒアリングすることが決まりました。その件について相談させてください」

といった具合に、相手の状況を理解し、これから話す内容について前提を揃えてから伝

えるだけで、話がスムーズに進むようになります。

お互いの課題認識やテーマについての理解度などがズレていると、こちらがいくら丁寧に説明しても伝わりません。

まずは**同じ〝スタートライン〟に立つ**ことです。

その際、重要なのは「相手が自分と同じように理解しているとは限らない」という認識を常にしておくことです。

話をしてみて、「あれ、伝わってないかも？」と話の噛み合わなさを感じたら、まず認識がズレている可能性を疑ってみてください。

POINT

話が噛み合わないと感じたら、まずは認識や前提を揃える

▼パターン⑤　質問に答える▲

例……なかなか進まない作業に対して、上司から「いつまでに終わりそう？」と聞かれたとき

✕
「実は割り込み作業が入ってなかなか進んでいなくて……。これが解決すればすぐに取りかかれるのですが」

〇
「今週いっぱいはかかりそうです」

相手が聞く姿勢になってくれない原因はいくつかありますが、大きな理由のひとつは、相手の質問や求めていることに対して〝正しく〟答えられていないからです。

例えばこんなシーンです。

上司「昨日のA部長との会議はどうだった?」
部下「いやぁ、実はA部長が不機嫌になっちゃいまして……」

親しい上司とならこんなフランクな会話が成立するかもしれません、実際にはごまかしているだけで、なんの回答にもなっていません。

例えば、この会議の本来の目的が「A部長から提案の承認をいただく」ことだとします。ここでの「昨日のA部長との会議どうだった?」という質問の意図は、「ちゃんとA部長から承認はもらえた?」と読み替えることができます。

途中でA部長が不機嫌になったとか、値下げ交渉を受けたとか、そこで起きたことを報告するのはいいですが、まずは「無事に承認をいただけました/残念ながら承認はいただけませんでした」という結果を伝えなければいけません。

相手から質問されているとき、または相手が何らかの情報を求めている場合には、まず「相手が求めているもの」から伝えましょう。

そうしないと相手はその情報が気になって、いつまでたってもあなたの話をまともに聞いてはくれません。

私たちは相手が気分を害さないように変に気を回したり、注意されるのを恐れたりするあまり、質問を受けても遠回しな表現で誤魔化そうとしてしまいます。

例えば、次のようなやり取りをした経験は誰もがあるでしょう。

上司「その資料はなぜ必要なの？」（必要な理由を知りたい）

部下「必要ですけど、そんなに難しい資料じゃないので、すぐに作成できます！」

上司「その作業、いつまでに終わりそう？」（終わる時間を知りたい）

部下「実は割り込み作業が入ってなかなか進んでいなくて……」

話しているテーマはズレていませんが、これらはすべて相手の質問には答えておらず、自分が伝えたい結論や主張を遠回しに述べているだけです。
先ほどの例なら、本来はこのように一言で返すべきです。

上司「その資料はなぜ必要なの？」
部下「お客様が社内決裁を得るために必要なんです」
上司「その作業、いつまでに終わりそう？」
部下「今週いっぱいはかかりそうです」

このように、**まず質問に正確に答えて、相手が納得してから自分の言いたいことを伝えるようにする**。
そうすることで、相手もスムーズに話を受け入れてくれるようになります。

POINT

無意識のうちに「質問に答えていない」ことが意外と多い

▼

パターン⑥　とってほしい行動を伝える

▲

例……資料に上司の承認を得たいとき

×「この資料を承認していただけませんか？」

○「承認を得たい案件があるのでお時間を頂けますか？」

ビジネスでインパクトのあるコミュニケーションが求められるのは、こちらが求める行動を相手にとってもらい、仕事をスピーディかつ円滑に進めたいからです。

「上司に承認してもらう」「お客様に連絡してもらう」「取引先に書類を送付してもらう」「先輩に相談に乗ってもらう」。

このような小さな行動でも、こちらが期待した通りに動いてもらえれば着実にビジネスが前進します。

では、どう伝えればこちらが意図した行動を相手にとってもらえるのか。

実は、**最も簡単で、誰にでもできる伝え方**があります。

それは、相手に「とってもらいたい行動を伝える」ことです。

「そりゃそうだろ」という声も聞こえてきそうですが、あなたは普段の仕事で、とってもらいたい行動をちゃんと直接的に伝えられていますか？

日本人は直接的な言葉よりも、行間を読んでもらうハイコンテクストなコミュニケーションを望みます。

だから実際には、とってほしい行動を直接的に伝えるのが苦手な人が多く、遠回しな言い方で相手に〝空気〟を読んでもらおうとしてしまいます。

そうではなく、誰かに相談するときや作業を依頼するときには、**「何を、どうしてもらいたいのか」を最初にスパッと伝える**。

それだけで、話がスムーズに進みます。

例えば、資料を確認してもらいたいのなら「明日お客様に提出するので、資料を確認していただけますか？」と伝える。

相談に乗ってもらいたいなら、「アドバイスを頂けませんか？」と伝える。

プレゼン中に重要な点を聞いてもらいたいなら、「いったん手を止めてこちらのスライドを見ていただけますか？」と伝える。

あらかじめ期待されている行動がわかっていれば、相手も「どういうアドバイスをしようか？」と、思考を先回りさせて話を聞くようになってくれます。

ただ、直接的にとってほしい行動を伝える際には、注意も必要です。

例えば、ある資料を上司に承認してもらいたいなら、「この資料を承認していただけませんか?」と伝えたいところです。

しかし、少し立ち止まって上司側の目線で考えてみましょう。

上司としては、

「急な話をされて」

「膨大な資料を確認して」

「承認していいのかジャッジしないといけない」

「しかも今すぐにやってほしいのか……」

といったふうに、内心では面倒だと感じているかもしれません。

人によっては「今そんな時間はない」とか、「急に無理な相談をされても困る」といった具合に受け入れてもらえないこともあります。


ここで重要なのは、**とってほしい行動には「ステップがある」**ということです。

先ほどの「承認する」という最終的な行動に至るまでには、

①資料を読む時間をつくる

②資料を読む
③不明箇所の確認と問題点の指摘を行う
④資料に問題がないこと、または指摘事項が反映されていることを確認する
⑤資料を承認する

こういったステップが隠されています。

それなのに、いきなり⑤の行動を求められるから、相手は困惑するのです。
何かを依頼しても、即座に相手が動いてくれないのは、こうしたステップを無視して、いきなり自分がとってほしい行動を伝えてしまうからです。

なので、こうしたステップを踏まえて、

「承認を得たい案件があるので、説明のお時間を頂けますか？」

といった具合に、まずは①の時間を確保するための依頼をするのが良策です。

また、「難易度の高い資料の作成を依頼する」といったように、ステップ自体は少ないものの相手にとって影響が大きそうな行動をとってもらいたい場合には、すぐに依頼するのではなく「依頼の予告」をしておくのも効果的です。

例えば、「申し訳ないが、この資料作成を担当してほしい」とすぐに頼み込むのではなく、「来週あたりにこの資料の作成をお願いすると思う」と予告しておくこと。

そうすることによって相手も心理的な準備ができるので、依頼される内容を受け入れやすくなります。

POINT

何かをしてほしいときは、相手の「行動のステップ」を意識する

▼ パターン⑦　相手にとっての自分ごとにする ▲

例　自分の話を聞いていない人に対して…

✕「この問題について、何か意見はありませんか?」

○「のちほどご意見をお聞きします」

旅行先で撮った記念写真、あるいはイベントなどでの集合写真。

こうした写真を見るとき、あなたは最初に何を見ますか？

「ちゃんと格好よく、かわいく写っているかな？」

「なんか髪型がヘンな気がする……」

「うわー、すごく太っているのがわかる」

といった感じで、まず自分の姿をチェックして、それから他の人を見るでしょう。

人の興味・関心は誰しも自分自身にあるので、これはごく普通のことです。

それは仕事においても同様です。

例えばプロジェクトマネージャーが、あるメンバーに対して「どうしてこの作業が2週間も遅れているんだ？　どうリカバリーするつもりなんだ！」と叱責している場面に出くわしたとしましょう。

自分とは関係のないチームであれば、おそらく「隣のチーム、大変そうだなぁ」と人ごとで終わってしまうはずです。

このように、たとえ重要な話でもひとたび**「自分とは関係のない話」だと思い込むと、**

人間はほぼ関心を示さなくなります。

逆に、自分と自分の組織に関係のある話だと、たとえ大きな話でなくても意識的に話を聞くようになります。

こうした習性を利用して相手に聞く姿勢を取ってもらうには、これから話す内容が「相手にとっての自分ごと」になる一言を意識することです。

例えば、販売部門の業務フローの話を一見、関係のない経理部門の人に聞いてもらいたい場合には、

「これからお話する販売プロセスの件は、売り上げに影響します」

といったふうに、「あなたの職域とも無関係ではありませんよ」というメッセージを込めることで、集中して聞いてもらえるようになります。ほかにも、

「作業をお願いすることになるので、概要だけでも押さえておいてください」

といったように「作業の予告」をしたり、

「この課題について、のちほどあなたのご意見をお伺いします」

といったように「事前依頼」をすることで、相手は自分ごとだという意識が強まります。

ただ、これらはあくまで、**「相手にも関係のある話題」であることが前提**です。

相手にとってまったく関係のない（考える必要がない）話の場合は、むしろ悪影響を与えることにもなります。

私には以前、社内にあまり好きではない上司がいました。

その人は大勢が参加する社内会議で「〇〇さん、この件についてどう思う？」といった具合に、無作為に誰かを指名して質問をしてくるからです。

これをされると、関係のない話や、興味のない話でさえも「当てられて質問されるかもしれない」という、無用なプレッシャーがかかってきます。

このように、相手にとっての自分ごとにする方法にはものすごく強制力があります。使い方によってはストレスにつながるので、

×　相手に関係のない話を無理にでも聞いてもらうように誘導する

○　一見、関係なさそうだけど、相手にとって重要な話を聞いてもらう

この2つの違いを意識してください。

正しく使えば、一見関係のない話でも、社内の関連する人にとっての自分ごととなり、話を聞く姿勢を取ってもらえるようになります。

POINT

自分ごとにならないと、相手は聞く姿勢をとらない

第3章

3秒で伝える「一言の見つけ方」

――伝えるべき内容は「相手」が教えてくれる

「3秒の一言」をうまく使えば、相手を聞く姿勢にさせられる。
その効果について述べてきましたが、
「でも、実際の仕事の場面で
どうやってその一言を思いつけばいいの?」
そう思った人も多いでしょう。
そこで第3章では、相手を聞く姿勢にさせる
「最も重要な内容（コアメッセージ）」を、
どう生み出すのかを説明します。
説明やプレゼンが上手な人は思いつきでなく、
論理的に物事を考えたうえで、
その場面で最適な一言を発します。
そのために必要なのが、「コアメッセージを見つける力」、
「言葉をシンプルにする力」という2つの力です。
そして、その2つの力を身につけるには、
何よりも「相手目線に立つ」という意識を
徹底しなければいけません。

「相手目線」を意識すれば、言葉が変わる

説明やプレゼンをするときは、「最も重要な部分（コアメッセージ）はどこなのか」という意識の有無で、相手への伝わり方に大きな差が生まれます。

そして、そうしたコアメッセージを見つけるカギになるのが、「相手目線」です。

私はプレゼンについて教えるうえで、「オーディエンスファースト（聴き手優先）」の必要性をお伝えしています。

説明はまず相手ありき、です。

これは口頭での説明や資料を作成するときも同じで、**何かを伝える際は常に相手目線を意識する**ことが大切です。

言葉で言うのは簡単ですし、「そりゃそうだろう」と思われるかもしれません。

しかし、実際に何かを説明したり資料を作成したりする場合には、無意識のうちに、

自分が伝えたいこと
＜
相手が聞きたいこと

という関係になりがちです。

特に、伝える内容が重要事項であるときほど、つい「自分目線」で考えてしまうことが多くなります。

「情報に抜け漏れがあって誤解されたくない」とムダに長い説明をしたり、「アレもコレも伝えたい」と要点をまとめずに話してしまうのは、まさに自分目線だからです。

自分目線と相手目線の違いは、言葉にハッキリ出ます。

例えば、「これから大事な話をするので相手にしっかり聞いてもらいたい」と思ったとき、自分目線で話す人は、

×

「今から大事な話をするので聞いてください」

と、ストレートに言ってしまいます。

しかし、あなたにとっては大事なことでも、相手が同じくらい大事に思っているとは限りません。

そして、どれだけわかりやすく整理したり、豊富な事例を盛り込んだりしても、興味のない話なら相手は耳を傾けてくれないでしょう。

一方、相手目線で語ると、出てくる言葉が変わります。

○

「この話を知らないと、あなたが困る可能性がありますよ」

といった具合に、「相手が困る」という前提に立った伝え方に変わります。

この2つを比べると、「(私が) 大事な話をする」と「(あなたが) 困る」というように、主語が自分から相手へと置き換わっているのがわかると思います。

この「**主語を置き換えてみる**」というのが、相手目線で話すためのポイントです。

相手の目線に立って「何をするのが重要なのか?」と考えれば、おのずと伝えるべきコアメッセージが見えてきます。

そして、相手目線で生み出したメッセージは内容が相手にとって「自分ごと」化されているので、耳を傾けてもらいやすくなります。

相手目線で話すと劇的にメッセージが変わる好例が、Appleが2001年に発表した音楽プレイヤー「iPod」のプレゼンです。

当時はポータブル音楽プレイヤーといえば、カセットやCD、MDなどが主流の時代で、多くの曲を聴くためには、カセットやCDの交換が必要でした。

一方、初代iPodは5GBのハードディスクドライブを搭載し、MP3形式に変換した音楽ファイルを入れることで多くの曲を聴くことができるのが最大の特徴でした。

このスペックは当時のポータブル音楽プレイヤーとしては革新的だったのですが、その事実を主張してもハードディスクドライブのことがよくわからない人や、5GBという容量の大きさがわからない人にとっては、こうした情報を伝えるだけでは自分本位のプレゼンになってしまいます。

そこでスティーブ・ジョブズはこのように伝えました。

「iPodの最大の特徴は1000曲入れられることです。すべての曲をポケットに入れて持ち運ぶことができる。それがiPodです」

今では音楽サブスクが当たり前ですが、当時は一枚のCDで10～15曲程度、1000曲ともなると100枚近くのCDを持ち歩かなければいけなかった時代です。

オーディエンスの立場で考えると、「ポケットに入るサイズの箱に、家にある全部の曲を入れて持ち運べる」という利便性が、「ポケットに1000曲入る」というフレーズではっきりとイメージできるようになったのです。

iPodはその後、5年半で1億台売れた大ヒット商品になりましたが、もしこのときに「5GBのハードディスクドライブを搭載した大容量の音楽プレイヤーです」という伝え方をしていたら、その後の未来は大きく変わっていたかもしれません。

そして、お気づきのように、ここでも主語の置き換えが行われています。

「（iPodは）大容量の音楽プレイヤーです」

「（あなたは）すべての曲を持ち運べます」

自分目線と相手目線ではまったく違った伝え方になり、それがもたらす未来まで変わるのです。それがよくわかるエピソードです。

POINT

伝えたい内容は「主語」を相手に置き換えてみる

期待値から「相手が知りたいこと」を知る

繰り返しますが、コアメッセージを見つけるには、何よりも相手目線を意識することが大事です。

ただ、相手目線に立ったのはいいものの、何を伝えるのが最も重要であるかは、漠然と考えていてもなかなか思いつきません。

そこで重要なのが、**「相手の期待値を理解する」という意識**です。

コンサルがクライアントにサービスを提供する際、この期待値と呼ばれるものを特に意識します。

「クライアントはどのようなサービスを期待しているのか？」

「その期待はどの程度のレベルなのか？」

「現場レベルの改善だけなのか？　それとも上層部への報告も必要なのか？」

といったように、クライアントの期待値の〝範囲〟だけでなく、〝深度〟がどの程度なのかも理解しようと心がけます。

場合によっては、過度に期待をされないように、**相手の期待値レベルをコントロールする**ことも行います。

例えば、何かプロジェクトを立ち上げる場合、現場レベルで作業の進捗状況のチェックや成果物の品質管理をするだけでなく、役員や上層部への報告まで期待されることがあります。

そこまで請け負うのならいいですが、背負いきれない場合は「資料は我々が作成しますが、報告はお客様のほうでお願いします」といった具合に業務の責任範囲を早めに提示し、期待値をコントロールします。

相手の期待値を理解し、それを満たすサービスを提供することで評価を受け、また次の依頼につなげることができるようになるからです。

なぜ、ここまで期待値を重視するのか。

それは、期待値がわからなければ、「論点」がハッキリしないからです。

コンサルの世界では、「〇〇するにはどうすればいいか？」といった、解決すべき問題を疑問形で整理したものを「論点」と呼んでいます。


「相手が本当に解決したい問題は何か？」

「自分にどんなアクションをとってほしいのか？」

「どういった内容について議論したいのか？」


こうした相手の期待値を知ることで、会話の「論点」が明確になります。

そして、**会話における論点とは、言い換えれば「相手が知りたいこと」**です。

説明する内容が「相手の知りたいこと」と合致していれば、納得したうえで、こちらが思うような行動をとってもらいやすくなるのは当然です。


すなわち、次の図4のような関係性になります。

図4 「期待値」→「論点」→「結論」
という流れで伝えるべき内容を導き出す

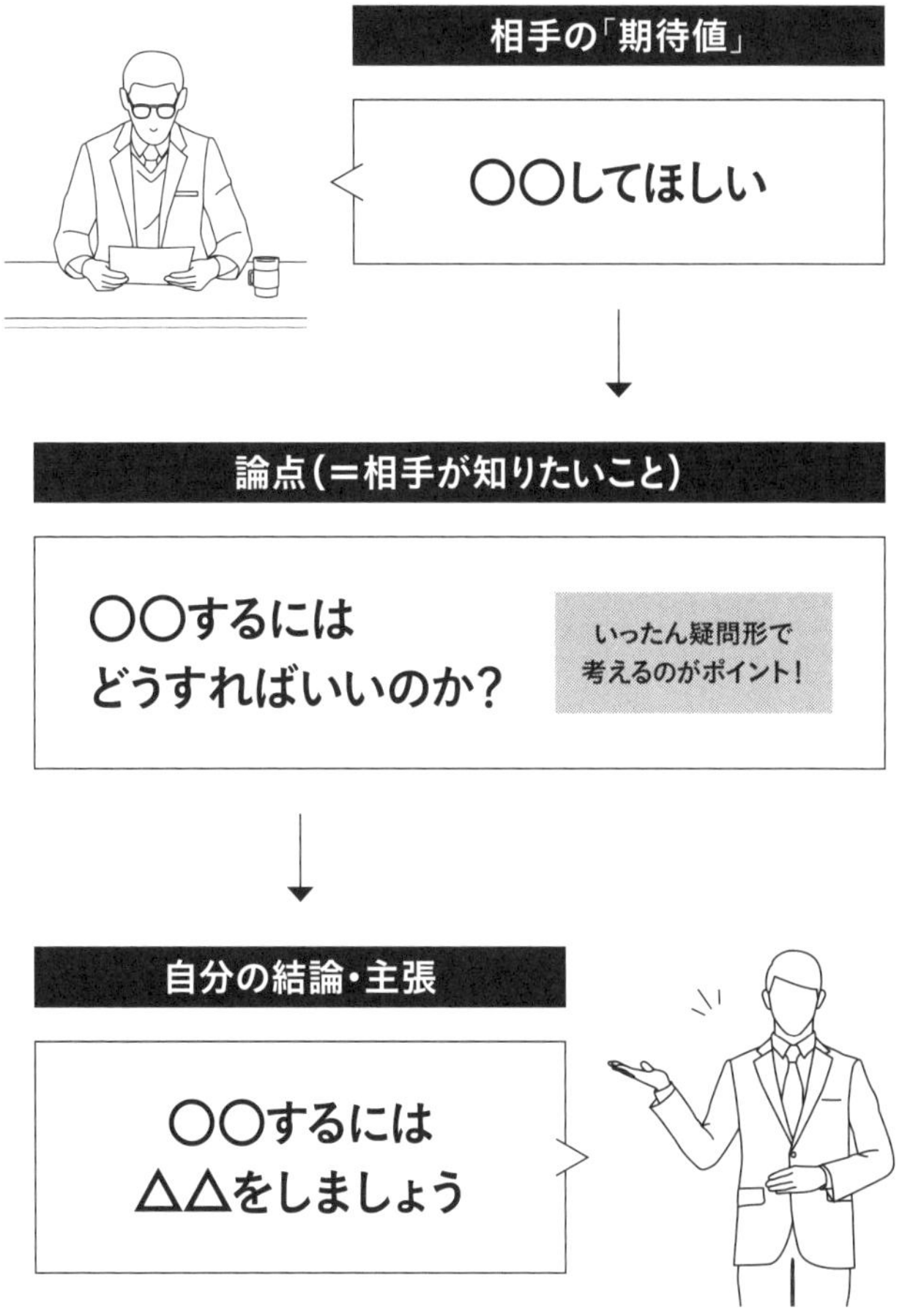
相手の「期待値」
○○してほしい
論点（＝相手が知りたいこと）
○○するには
どうすればいいのか？
いったん疑問形で
考えるのがポイント！
自分の結論・主張
○○するには
△△をしましょう

このように、結論（主張）を導き出すためには、まず「相手がどういったことに興味・関心があるのか」という期待値を知る必要があります。

そして、相手が「何を知りたがっているか」によって、伝える内容を変えていきます。

例えば、上司から「お願いした見積書はどんな感じ？」と聞かれたとしましょう。

ここでの「どんな感じ？」という言葉のウラには、次のような期待値が隠されている可能性があり、その違いによって求められる結論も変わってきます。

■ **可能性 1 完成したかどうかを知りたい**

➡現在の見積書の作成状況・作業状況を伝える

■ **可能性 2 金額がいくらになったか、試算結果を知りたい**

➡見積金額と計算の根拠を伝える

■ **可能性 3 手助けが必要かどうかを知りたい**

↓作成上の問題点・懸念点を伝える

ビジネスコミュニケーションの難しい点は、こうした曖昧な説明や指示によって、相手の思惑を測らなければならないシーンが多いことです。

そのような状況下で、相手の意を酌まずに自分が思ったことや伝えたいことばかり考えてしまうと、後で「そんなことは聞いてない」とか、「思っていたものと違う」といった認識の齟齬が起こります。

では、曖昧な内容でも相手の期待値を理解するにはどうすればいいか？

その方法はシンプルで、**質問して相手から教えてもらえばいい**のです。

コンサルの仕事では、プロジェクトが始まるとまずインタビューやヒアリングといった、クライアントと会話を通じて情報を聞き出す機会をつくります。

それによってクライアントの潜在的なニーズや現在の課題への理解を高めると同時に、「最終的にお客様が何を求めているか」という期待値を浮き彫りにするのです。

こうしたプロセスはとても重要で、提供するサービスのレベルもこの期待値を基準にして組み立てていきます。

例えばある日、上司から「生成ＡＩについて調べておいてくれる？」と指示をされたとしましょう。

この内容だけでは、生成ＡＩを使って新規ビジネスを考えているのか、既存業務の効率化を図りたいのか、それとも単に「最近、話題のテーマだから知っておきたい」というレベルなのか不明瞭です。

そこで期待値を確かめるために、

「何のために生成AIの情報が必要なのですか？」

「生成AIのどんな部分が気になっていますか？」

「調査結果を誰かに見せる必要がありますか？」

といったポイントを事前に質問しておくのです。

依頼の背景がクリアになれば、最終的に伝える結論だけでなく、あなたがなすべき仕事内容もクリアになります。

仮に、「生成ＡＩで社内作業の効率化につながるアイデアを役員に提案したい」という意図だとわかれば、調べるポイントを絞って仕事もスムーズに進むはずです。

ちなみに、よく「なぜ？」という質問の仕方がいいとされることがありますが、「なぜ、生成ＡＩについて調べるのですか？」と質問しても「部長に言われたからだよ」などと、漠然とした回答しか得られないことがあります。

なので、「なぜ？」と聞くよりも、「何に使うために生成ＡＩについて調べるのですか？」といったふうに、より具体的な聞き方をしたほうが意図を引き出しやすくて効果的です。

POINT

質問を通じて相手の「期待値」を明らかにしていく

質問できない場合は「仮説」を立てる

とはいえ、いつも相手に質問できるとは限りません。

経営者など立場的に忙しい人だと聞く時間がとれなかったり、あるいは相手が口ベタだとうまく意図を説明してくれなかったりすることもあります。

そんな場合は、相手の背景から「仮説を立てる」というアプローチが必要です。

仮説を立てるのが上手なコンサルは、ある程度の情報から「求められているのはコレだ」と、相手の期待値を予測することができます。

仮説を立てるためには、次の3つのステップを意識してみてください。

ステップ❶ 相手の立場・状況を知る

ステップ❷　相手が知りたい情報の「レベル感」を推察する

ステップ❸　過去の経験則より仮説を立てる

まず仮説を立てるには、その相手がどのような役職、立場、状況なのかを理解することが大切です。（ステップ❶）

なぜなら、同じテーマであっても相手の役職や立場、状況などによって、知りたい情報は大きく異なってくるからです。

例えば「生成ＡＩの活用」というテーマでも、

- ✓ 生産現場目線だと「どういった業務に適用できるのか？」
- ✓ 経理目線だと「ＡＩ導入にかかるコストはいくらか？」
- ✓ 経営者目線だと「費用対効果はどうか？　今よりもビジネスを伸ばせるか？」
- ✓ 技術者目線だと「機密情報の漏洩やセキュリティ面は大丈夫か？」

といったように、相手の立場や状況によって気になるポイントは大きく異なります。

次に、相手が「どのレベルまでの情報を知りたいか」を推察します。（ステップ❷）
ひとまず概要だけを知りたいのか、それともさらに細かい情報を知りたいのか。
こうした**「話のレベル感」は相手の理解度や性格によって大きく変わってきます**。
もし相手がその情報をほぼ知らないのであれば概要から話し、十分な知見があるなら詳細を伝えるように意識します。

例えば、生成ＡＩの情報について経営者に説明する場合であっても、その経営者がＡＩについての知見をほぼ持たないのであれば、

「生成ＡＩとは何か？」

「生成ＡＩでビジネスはどう変わるか？」

「業界での取り組みや他社での事例」

といった情報を知りたいのではないかと推察できます。


一方で、少し知見がある経営者に対しては、

「生成ＡＩを企業に導入したときの主な論点」
「生成ＡＩ導入に伴う組織変革の考え方」
「法的リスクや規制上のコンプライアンスについて」
といった個別具体的な情報を伝えたほうが喜ばれるかもしれません。

そして最後に、こうした**状況やニーズを推察したうえで、「相手がどのようなことを期待しているか」という仮説を立てます**。（ステップ❸）すると、

「今回説明する相手はＡＩ導入に興味があり、いろいろと勉強をしているようだ。しかし、何から手をつければいいのか困っているようだから、今回は『生成ＡＩを企業に導入したときの主な論点』について説明して、そこから相手が興味を持ったポイントについてより深く解説していくとよさそうだ」

といった仮説を立てられるようになるでしょう。

今回は忙しい経営者に説明することを想定しましたが、経営層など立場的に直接ヒアリングがしづらい人に説明するときは、一方的に考えるのではなく、部下や秘書など周りの人たちから前もって情報を収集することも有効です。

「最近はAIについてネット記事などでよく読んでいる」といった些細な情報でも仕入れられれば、仮説の精度を高めるヒントになります。

そのうえで、一度立てた仮説は直接本人でなくても、周りの人にぶつけてみて、その精度を高めるようにしていくといいです。

そうした工夫によって、より相手の期待値に沿った仮説に近づけるようになります。


また、仮説を立てるメリットはそれだけではありません。

こうした自分なりの仮説を立てておけば、いざ説明する際に「何を言ったらいいんだろう……」と**言葉に詰まったり、混乱したりすることが減る**はずです。

そして何よりも、いざ説明する際にはきちんと下調べをした様子が垣間見えるので、相手の「この人はちゃんと考えてくれている」という信頼につながります。

そう感じてくれれば、後に続く説明にも聞く姿勢をとってくれるようになります。

POINT

「仮説」をふまえた説明は、相手の信頼にもつながる

相手が知りたいのは「5W2H」のどれ？

伝えるべきコアメッセージのもとになるのは、あくまで相手が「知りたいこと」です。質問するのも仮説を立てるのも、それを知るための手段にすぎません。

とはいえ、相手の知りたいことがわかっても、肝心の伝える内容がズレていたら意味がありません。

あなたはこれまで仕事をしていくなかで、「話がズレているよ」とか、「質問の答えになってない」なんて指摘されたことはないでしょうか？

このような指摘は、相手が知りたいこと（聞かれたこと）と、あなたの答えがズレているから起こります。

そうならないために覚えておきたいのが、「**質問の分類**」です。

相手が何を求めているのかを知るには、２つのポイントを意識してみてください。

ポイント① クローズドクエスチョンとオープンクエスチョンのどちらか？

質問には大きく分けて、「クローズドクエスチョン」と「オープンクエスチョン」の2つがあります。

クローズドクエスチョンは「YES／NO」や「選択肢1／選択肢2／選択肢3」といった、答えが限定的になる質問です。

対してオープンクエスチョンは、答えが限定的ではない質問です。

まず、クローズドクエスチョンの場合は、回答はこのように限定されます。

✓ 昨日の商談はうまくいった？

↓ 「**はい、うまくいきました／いいえ、うまくいきませんでした**」

✓ A案とB案のどちらに決まった？

↓ 「**A案に決まりました／B案に決まりました**」

一方で、オープンクエスチョンの場合は、さまざまな種類の回答が考えられます。

✓ いつ資料が完成するのか？
↓ **「明日の午前中です」「9月末までかかります」**

✓ なぜA案に決まったのか？
↓ **「費用対効果が高いからです」「サポートが充実しているからです」**

✓ お客様はどのような反応を示したか？
↓ **「積極的に話を聞いてくれました」「少し不満があるようでした」**

✓ トラブルが起きた原因は何か？
↓ **「事前チェック漏れでした」「担当者が不在でした」**

よくあるコミュニケーションエラーには、「この資料、今週中にできそう？」といった具合に相手が「YESか？　NOか？」を聞いているのに、「実は割り込み作業に手を取られていまして……」といった、オープンな回答をしてしまうことが多いです。

これだと相手が知りたい回答になっていません。

まずは相手の質問がクローズドクエスチョンなのか、オープンクエスチョンなのかを理解すること。

そのうえで、質問形態に沿って答えることを意識してください。

ポイント②「5W2H」のどれを問われているか？

質問がオープンクエスチョンなら、さらに「何を問われているのか？」を理解してから回答しなければいけません。

その際には「5W2H」というフレームに当てはめて分類していきます。

5W2Hとは、皆さんご存じの、

- When（いつ）
- Where（どこで）

・Who（誰が）
・What（何を）
・Why（なぜ）
・How（どのように）

の5W1Hに、ビジネスでよく用いられる、

・How much（いくらで）

を組み合わせて、7つに分類したものです。

この**5W2Hの「どれを問われているのか？」という意識**があれば、自然と相手の期待値に沿ったメッセージが打ち出せるようになります。例えばこのようにです。

「スケジュールはいつまでに提出できるの？」（When）→「**〇〇までに出せます**」

「見積書はどこに提出する必要がある？」（Where）→「**〇〇部に提出します**」

「今回のプレゼンのキーパーソンは？」（Who）↓「**〇〇さんです**」

「報告書に足りてない情報は何？」（What）⬇「**〇〇が必要です**」

「どうして他社の案が採用されたの？」（Why）↓「**〇〇という理由からです**」

「提案を受けてもらうにはどうすればいい？」（How）↓「**〇〇する必要があります**」

「これにかかる作業工数はいくら？」（How much）↓「**〇〇円です**」


あなた次に何かを問われたら、返答する前に少し立ち止まり、２つのポイントに当てはめて、それに沿ったかたちで結論と主張を考えてみてください。

漠然と考えるよりも、伝えるべきメッセージがぐんと見つけやすくなるはずです。

POINT

反射的に答える前に「何を問われているのか？」を整理する

話の要点を絞る方法

相手に伝えるべき結論や主張を考えていると、「アレもコレも言わないとダメだ」と感じて、要点を絞りきれないことがあります。

そういう人は一度の説明につい多くの情報を盛り込みがちですが、逆に説明される立場になったらどう思うでしょうか？

「ポイントは10個ありますので、ぜひ覚えておいてください」などと言われたら、誰だってうんざりしますよね。

「結局、何が重要なの？」「もっと要点を絞ってよ」と言わずにはいられません。

確かに、十分な時間が取れるプレゼンや説明の場面でなら、「今回のポイントは３つです」といった話の組み立ても有効です。

しかし、あまり時間が取れないちょっとした打ち合わせなどでは、メッセージを一つに絞らないといけない場面が多くあります。

こうした短い時間しかないときに、どうやってメッセージを絞ればいいのか。

そのヒントをいくつかご紹介します。

1 相手が「いちばん知りたいこと」を選ぶ

説明しなくてはいけない要素が複数ある場合、「まず、どれから伝えるべきか」と悩むことが多いです。

そんなときに無意識にやってしまいがちなのが、自分主体で言いたいことを絞ってしまうパターンです。

自分が最も言いたいことと相手が最も聞きたいことが一致すればいいのですが、相手が知りたい内容とズレていたら「いや、そういうことじゃないんだよな……」と、残念に思われてしまいます。

こういった相手の期待値とのズレは、致命的なコミュニケーションエラーを招きます。

なので、基本的には「相手が一番知りたいことは何か？」といった**相手主体でメッセージを絞っていくほうが、期待値とのズレが生じにくい**です。

例えば、あなたが全国に支店網を広げる企業の本社で働いているとします。

ある日、支店別の業績を集計していると、上司から「先月の売り上げはどうだった？営業統括部長に報告するから教えて」と声をかけられました。

そこで全国の各支店の業績を調べてみると、次のようなことが見えてきました。

- ✓ 全国30店のうち25店では顧客数が増え、売り上げも増加した
- ✓ 売り上げが25％以上伸びた店では新規キャンペーンを展開していた
- ✓ 売り上げが減った5店はリピート率が落ちている
- ✓ 地域別に見ると、関東、近畿エリアは好調
- ✓ 北海道、東北エリアは売り上げが減っている
- ✓ ただ全支店合計で見ると売上高は増加している

口頭で簡単に伝えなくてはいけない場合、これらをすべて伝えると、情報量が多くなりすぎます。

なので、要点をまとめて相手が知りたいことに沿ってメッセージを絞る必要があります。

ここで目を向けるべきなのが、**「最終的にこの情報を知るのは誰か？」**ということです。

この例の場合、直接会話をしているのは上司ですが、その情報は最終的に営業統括部長に報告されることになります。

つまり、ここでは最終報告先である営業統括部長にとって「最も知りたい情報」を伝えるのが望ましいでしょう。

では営業統括部長はどのような情報を知りたいのでしょうか？

会社によってはＫＰＩ（重要業績評価指標）のように、組織単位の基準を設けている場合がありますので、そういった基準に目を向ける手があります。

もしそうした基準がないなら、「統括部長が重視するポイントはどのあたりですか？」と上司に質問して深掘りすると、見えてくるものがあります。

例えば「会社のＫＰＩでは売上高を重要指標にしている」、あるいは「営業統括部長は新規キャンペーンの結果が気になっている」といった情報がわかれば、売上高とキャン

ペーン効果を一つのメッセージにまとめて、

「売り上げは全支店合計で増加していますが、特に伸びている店では新規キャンペーンの効果があるようです」

といったコアメッセージを届けることができます。

2 「全体」から順番に伝える

しかし、必ずしも営業統括部長の期待値を押さえているわけではないでしょうし、急に説明を求められた場合、仮説を立てる余裕すらない場合もあります。

そうしたときは、「全体から順番に伝える」ということを意識してみましょう。

あれもこれも報告したいけど、まず物事を**「全体として捉えた場合に何が言えるのか？」**と考え、それを伝えたうえで一つひとつ詳細を説明していくのです。

全体から伝えるときのポイントは、まず「構造」に着目することです。

例えば天気予報を見ていると「明日は全国的に晴れ間が広がるでしょう。ただ東日本では大気の状態が不安定で、関東では雨雲が発生するところもあるでしょう」といった説明を耳にすることがあります。

この場合、「全国」という全体から「東日本」「西日本」といった分類、さらに「北海道」「東北」「関東」といった地域に分解することができます。

つまり、天気予報では、全体である「全国」を説明したうえで、各地域の予報を説明しているのです。

仕事における報告でもこのアプローチは応用できます。

先ほどの例の場合、各支店別の成績を伝えるのではなく、「全国」という全体、そして「関東」「近畿」といった構造に着目して説明すると、次のようになります。

「売り上げは全支店合計で増加しています」**（全体）**

「北海道、東北と減少している地域もありますが、関東、近畿は好調です」**（詳細）**

ここでは地域に着目して構造化しましたが、こうした成績を構成する要素としては、

・顧客別（全顧客→新規・リピーター）
・製品別（製品分類→個別製品）
・事業別（事業分類→各事業）

といった切り口で構造化することもできます。

例えば顧客別の構造に着目するなら、

「売り上げが伸びている店では顧客数が増えています」（全体）
「特に25％以上伸びた店では新規獲得の影響が大きいです」（詳細）

といった説明をすることもできるでしょう。

このように、一つの要素が特定の構造に含まれている場合は、全体から伝えることによって、多くの情報をシンプルにまとめることができます。

3 抽象化して伝える

ただ、状況によっては伝えるべき要素がバラバラで、一見すると構造化が難しいこともあります。

そんなときは**共通のルールを見つけて抽象化する**という方法を試してみましょう。

それによって隠されていた構造が見つかり、メッセージを絞ることができます。


例えば、あなたが飲食業界で働いていて、「ライバル店が繁盛している理由」について調べているとします。

調査の結果、次のようなライバル店の特徴が見えてきました。

①どの商品も値段は少し割高
②クーポンなど割引はやっていない
③店員の接客態度が素晴らしい
④注文から提供までがものすごく早い

⑤素材の鮮度がよく、味もおいしい
⑥料理人がこだわる盛り付けが美しい

では、こういった複数の要素から、どのように社内で報告するメッセージを絞っていけばいいのでしょうか。

調査結果の項目を見ていくと、①「どの商品も値段は少し割高」、②「クーポンなど割引はやっていない」という情報は、いずれも「価格」に関する調査結果です。

一方で、③「店員の接客態度が素晴らしい」、④「注文から提供までがものすごく早い」という情報からわかることは、「サービス」に関すること。

そして、⑤「素材の鮮度もよく、味もおいしい」、⑥「料理人がこだわる盛り付けが美しい」という情報は、「料理の質」に関することだとわかります。

つまり、ライバル店が繁盛している理由は、

「料理とサービスの質がいいので、価格が高くても客足が鈍らない」

といった具合に3つの要素をまとめて、全体像を伝える一つのメッセージとして打ち出すことができます。

このように一見バラバラの要素でも、共通点や特性を分類してみると、いくつかの共通点が見えてきます。

バラバラの要素をそのまま順に伝えると、相手が混乱して「もう少しまとめてから話してほしい」と言われてしまいます。

そうではなく、まずは構造や関係性を整理して、あなたなりのシンプルな言葉にまとめてから伝え、個別の要素はその後に説明していけばいいのです。

そうすれば、よりスマートなコミュニケーションが成立するはずです。

POINT

複数の要素は「全体構造」や「共通点」を見つけてまとめる

▼言葉をシンプルにする４つの技法▲

せっかくメッセージを一つに絞っても、その内容が冗長だと、メッセージにキレがなく相手に刺さらない場合があります。

例えば、「話し方がうまくなる練習方法」を伝えるにしても、

×

「伝える力を上げるには、話す時間を決めずに一つひとつ丁寧に練習をするのではなく、最初から『３秒・30秒・３分』と話す時間を決めておいて、その時間内に話せるよう何度も何度も繰り返し練習するといいですよ」

という言い方をされたら、相手はどう思うでしょうか？

確かにメッセージは一つになっていますが、回りくどい言い方なのでポイントがうまく伝わりません。むしろこういった場合は、

と簡潔にまとめたほうが、相手に刺さるはずです。

冗長な表現は、メッセージをあいまいにし、伝わりにくくするだけ。

メッセージを引き立てるシンプルな言葉を使うために、冗長な表現は削っていきます。

そこで、私が普段から使っている「シンプル化」のコツを紹介します。

○「時間を区切った練習をすると、伝える力が上がります」

1 ノイズになる表現を削ぎ落とす

まず意識してほしいのは、コアメッセージとは関係のない、ノイズとなる情報を削ぎ落とすことです。

説明なら伝えたい言葉だけ、資料を作るなら強調したい表現だけを残し、それ以外の部分はノイズ扱いにして、省略できないかどうか考えていきます。

例えば、先ほどの例だと「話す時間を決めずに一つひとつ丁寧に練習をする」という表現がありました。

この場合、「一つひとつ」とか「丁寧に」はなくしてもいいのではないか？と考え、ノイズとして省いていきます。

また、「何度も何度も繰り返し練習する」という表現も冗長なので、「練習する」という言葉だけで十分に伝わります。

単語を修飾するフレーズは物事を強調したりするには便利ですが、短くシンプルに伝えたいときには邪魔になることも多いのです。

伝えたいメッセージと直接の関係がない部分はスパッと省くことを考えましょう。

2 長い表現を「一言で伝わる単語」に置き換える

次に意識するのは、回りくどい表現を「一言で伝わる単語」に置き換えていくということです。

先ほどの例では、「『3秒・30秒・3分』と話す時間を決めておいて」というフレーズがありますが、この内容は、「時間を区切る」という一言でも伝えられます。

このように「表現が回りくどい、表現が長い」と感じたら、**「どこか省けないだろうか？」「何か別の言い回しはないか？」**と、**瞬時に反応するくせ**をつけてください。

すると、口頭で伝えるシーン以外でも、長いメッセージ文章が短くなったり何ページにもわたる資料が少なくなったり、作業がどんどん効率化されるはずです。

3 二項対立は「主張したい側」だけを残す

よく表現として「AではなくB」とか、「AよりもB」といった具合に、2つのものを対立軸として比較したものを表現する場合があります。

「A案よりもB案」や「ウェブ会議より対面での会議」といったように、対立軸が単語で収まる場合はいいのですが、「伝える力を上げるには、話す時間を決めずに練習をするのではなく、時間を区切って練習するほうがいいですよ」のように比較対象が長いと、どうしても冗長な印象が出てしまいます。

そこで、**比較対象を省いて「主張したいほう」だけを残す**ことで、メッセージがシンプルになります。この例だと、「話す時間を決めずに練習」という部分を省いて、

「伝える力を上げるには、時間を区切って練習するのが有効です」

と、主張を理解しやすい文章になりました。

4 重複表現は一つにまとめる

説明したい文章を見たときに、表現こそ違っていても同じことを繰り返し伝えている場合があります。例えば、仕事上のあるシーンで、

「先方からの発言で『○○のほうがいい』という意見が出ました」

という報告をしたとします。

一見するとこのメッセージに重複はなさそうですが、実は「先方からの発言」とは「意見」のことなので、まとめることができます。すると、

「先方から『○○のほうがいい』という意見が出ました」

といった感じで重複表現が省かれ、言葉がわかりやすくなります。

また、先ほどの伝え方の練習方法の例でも、

「伝える力を上げるには、時間を区切って練習するのが有効です」

という言葉にある「有効」とは「伝える力を上げる」と同じ意味です。

言い換えれば、「伝える力を上げるには、時間を区切って練習することで伝える力が上がります」となるので、同じ表現が二度登場しているわけです。それならば、

「時間を区切った練習をすると、伝える力が上がります」

と、片方を省くことでさらにシンプルになります。

お気づきかと思いますが、ここまでの❶～❹の「シンプル化」をすることで、ようやくこのブロックの冒頭に出てきた「3秒の一言」になりました。（図5）

図5　言葉をシンプルにする4つのワザ

「伝える力を上げるには、話す時間を決めずに一つひとつ丁寧に練習をするのではなく、最初から『3秒・30 秒・3分』と話す時間を決めておいて、その時間内に話せるように何度も何度も繰り返し練習することが有効です」

① ノイズになる表現を削ぎ落とす

「伝える力を上げるには、話す時間を決めずに練習をするのではなく、最初から『3秒・30 秒・3分』と話す時間を決めて練習することが有効です」

② 一言で伝わる表現に置き換える

「伝える力を上げるには、話す時間を決めずに練習をするのではなく、時間を区切って練習することが有効です」

③ 二項対立は「主張したい側」だけを残す

「伝える力を上げるには、時間を区切って練習するのが有効です」

④ 重複表現は一つにまとめる

「時間を区切った練習をすると、伝える力が上がります」

このようなテクニックを用いれば、メッセージはかなりシンプルにできますが、ひとつ注意点があります。

それは**「相手目線を忘れず、相手が理解できる表現を使う」**ということです。

目的はあくまで「相手に伝わるメッセージを考えること」であり、表現を短くすることではありません。

私が本書で何度も相手目線についてお伝えしているのは、こういった作業をするときに、つい、そうした意識が薄れてしまうからです。

例えばコンサル用語に「プロコン」という略語があります。

プロコンとは、ものごとのプラス面とマイナス面を整理することを意味する用語で、ラテン語の「ｐｒｏｓ（プロス＝賛成の）」と「ｃｏｎｓ（コンス＝反対の）」という言葉をつなげた「Ｐｒｏｓ ＆ Ｃｏｎｓ（プロス・アンド・コンス）」を略したものです。

私はコンサルタントになったばかりのころ、当時のリーダーから「じゃあこの論点、プロコン整理しといて」と言われましたが、「プロコンって何やねん？」とまったく意味がわからず、話についていけませんでした。

コンサルに限らず、業界や組織ごとに専門用語や意味を知らないと理解できない英語の略語（ミーティングをＭＴＧと表現するなど）があったりします。

確かに一言で表現できるのは便利ですが、お客様に対して「メリットとデメリットを整理しなければいけません」という表現を「プロコン表を整理する必要があります」と言い換えて、かえって相手に伝わらない状況になってしまったら本末転倒です。

冗長な表現を削る意識は大切ですが、あくまで「相手にとってわかりやすいか」という目線を忘れないようにしてください。

POINT

言葉を短くしても、「相手がわからない表現」ではダメ

第4章

「3秒・30秒・3分」それぞれの伝え方

——どんなに長い説明でも、3つの要素があればいい

相手を聞く姿勢にさせる3秒の一言を生み出すには、
相手目線でコアメッセージを考えていきます。
そして、コアメッセージを伝えた後は、
それに続く説明が求められます。
第4章では、3秒から30秒、30秒から3分へと、
説明の幅を広げる方法をお伝えします。
その際ポイントになるのは、
「結論（主張）」「理由（根拠）」「事実（データ）」
という3つの要素です。
どんなに長い説明でも、カギになるのはこの3つです。
この3つを押さえれば、話が断線したり
自分でも内容がわからなくなる〝迷路〟にハマることなく、
理路整然と相手に伝えられるようになります。

「4つの型」はそのまま「30秒の説明」になる

「来週、役員の前でプレゼンをしてくれないか？　時間は30分だ」

突然、こんな依頼を上司からされたら、あなたはどんな準備をしますか？

「どんな順で説明したら納得してくれるんだろう……」とスライドを用意しつつも、「そもそも30分なんて話がもつのか？」と、不安に駆られながらも必死に30分の話に耐えられる材料をかき集めていくでしょう。

実はこうしたアプローチは、だいたい失敗します。

なぜなら、どんなに材料を集めても**〝話のフレーム〟が固まっていなければ、実際に話しているうちに内容がブレてしまう**からです。

では、話のフレームを固めるにはどうすればいいのか。

そのために必要なのが「結論（主張）」「理由（根拠）」「事実（データ）」という3つの要素をきちんと押さえておくことです。

むしろ、この3つの要素さえ固まっていれば、どんなに長い説明でも苦にならなくなります。

なので、長い説明やプレゼンを成功させるには、いきなり30分の話の組み立てを考える必要はありません。

そうではなく、まずは最も伝えるべきコアメッセージとなる「3秒の一言」を見つけ出し、そのうえで理由や事実を肉付けして「30秒の説明」にする。

それができたら今度は「3分の説明」へと、**段階を踏んで〝話を広げる練習〟をする**ことをオススメします。

その最初のステップが「30秒の説明」ですが、これは一般的に「エレベーターピッチ」と呼ばれ、短時間のプレゼンなどで意識される時間です。

エレベーターピッチとは、アメリカの起業家が、多忙な投資家に対して、エレベーターに乗り合わせた15〜30秒でプレゼンをする場面で生まれた手法です。

この30秒という圧倒的に短い時間でプレゼンをするなら、「どういうことを伝えるか？」という内容を考えるトレーニングになります。

では、30秒の場合はどういった構成にすればいいのかというと、実は30秒での話し方はすでに解説しています。

そう、第2章でご紹介したビジネストークにおける「4つの型」です。

- ✓ **PREP（プレップ）法**
- ✓ **TPREP（ティープレップ）法**
- ✓ **TNPREP（テンプレップ）法**
- ✓ **IREP（アイレップ）法**

実はこれらの型は、すべて30秒程度で話す際の基本となるフレームワークなのです。

そして、ここで注目してほしいポイントがあります。

それは、「結論（主張）」を言った後には、必ず「理由（根拠）」が必要だということです。

4つの型のうち、イレギュラーパターンのIREPを除く3つはすべて「Ｐｏｉｎｔ（結論・主張）」を伝えた後に、「Ｒｅａｓｏｎ（理由・根拠）」を伝えるという構成になっています。

したがって、**まず主張や結論を伝えたら、必ずその主張や結論に至った理由や根拠を説明する**必要があるのです。

これはセットだと理解してください。


例えば、社内で新しい業務効率化ツールを導入する話が持ち上がり、あなたが「今回はA社のツールを導入することに決定しました」という結論を伝えたとします。

すると周りからは、「A社のツールは評判がいいからありがたい」といった歓迎の声が聞こえる一方で、「なぜA社に決まったの？」と、この決定に納得がいかず、理由を知りたいと感じる人もいるはずです。

ほかにも「決まったことだから反対はしないけど、具体的にはどんなふうに仕事がラクになるの？」といったように、結論に納得はしているものの、情報不足が気になる人もいるでしょう。

このように、一つの主張や結論を伝えた場合、あなたと完全に同意見の人を除けば、具体的な内容や詳細情報など、何かしら疑問が湧くのが普通です。

なので、主張や結論を伝えた後は、必ず理由を述べて、それらの疑問に答える必要があるのです。

POINT

「結論（主張）」と「理由（根拠）」は必ずセットで考える

「理由にならない理由」に注意する

「結論（主張）」を伝えた後には、必ずその「理由（根拠）」を述べる。

これは説明における基本なので普段から実践している人も多いかと思います。

しかし、自分ではちゃんと理由を説明しているつもりなのに、まったく相手に伝わらない人がいます。

なぜ相手に伝わらないのかというと、そういう人に限って「理由っぽいけど理由になっていないこと」を言いがちだからです。

ここでは、相手に伝わらない理由のパターンを4つ紹介します。

先ほどの例に合わせて、あなたが上司に対して「A社の業務効率化ツールの導入が有効です」という主張をする場面で考えてみましょう。

①単なる思いつき：何も根拠が考えられていない

上司「なんでそう思ったんだ？」
部下「いや、なんとなくです」

これではさすがに、理由として成り立たないのは明白ですね。

その人の直感が当たるときもありますが、主張を裏付ける根拠としては弱すぎです。

こうした返答をすると、ほぼ間違いなく上司に叱られます。

ほかに、「やれと言われたからやりました」というパターンも同様です。

お客様が言ったから、上司が言ったから、といった**誰かの指示や発言の受け売りを理由にする**のは、根拠が考えられていない証拠です。

もし、あなたが何かしらの結論を出す際には、誰かの受け売りではなく、「あなた自身が考えた理由」を伝えることを意識してください。

②個人の感想：裏付ける根拠が弱く、単なる一意見にすぎない

上司「なんでそう思ったんだ？」

部下「資料を読んでみたらこのツールを使えば効率化できると思ったので」

この部下はA社の資料を読み込み、内容がわかりやすく整理されているため納得し、「確かに効率化できそう！」と自信をもって発言したものだと思われます。

しかし、仮にこの部下が仕事効率化ツールに精通するスペシャリストなら説得力が出ますが、そうでない場合、こうした**本人の考えにとどまっている理由だと「単なる感想」**でしかありません。

理由として成立させるなら、このような言い方をする必要があります。

「資料に他社事例が掲載されていたのですが、ウチの業務内容と似ているので導入しても効果があるだろうと考えました」

このように一個人の感想にとどめるのではなく、そちらに気持ちが傾いた「客観的な理由」がなければ説得力は生まれません。

③主張の裏返し（トートロジー）：同じことを言っている

上司「なんでそう思ったんだ？」
部下「はい、A社からこのツールの導入が有効だと提案されたからです」

これも理由としては言ってしまいがちで、一見、成り立っているように勘違いしやすいパターンです。

でもよく見てみると、「なぜA社の提案でツールの導入が有効だと思ったの？」→「A社がツールの導入が有効だと提案したからです」と、同じ意味を繰り返しています。

このように主張と論拠が同じことを専門用語で「トートロジー」と言います。

こうした例を挙げると、あまり使うことはないと思われがちですが、実は仕事の場面では無意識のうちにトートロジーに陥っていることが多々あります。

実際にこんな会話を聞いたりしたことはないでしょうか？

「このビジネスに参入しましょう！　なぜなら今こそ参入すべきチャンスだからです」

「この資料を今日中に作ってくれない？　何でかって？　今日中に必要だからだよ」

立場が上の人から高圧的にこうした発言をされると「そうか、この資料は今日中に作らなきゃ」と変な納得感にとらわれてしまいますが、よく考えれば今日中に必要な理由の説明にはなっていませんよね。

④論点ずらし：話をそらして、理由については触れない

上司「なんでそう思ったんだ？」
部下「だってこの資料を見れば一目瞭然ですよね？」

自分では意見や考えをもっていなかったり、理由を言語化できなかったり、周囲に流されたり、他責思考になりがちな人に多いパターンがこれです。

上司の質問に対して、理由について何も述べていない、いわゆる言葉のキャッチボールができていない状況です。

自分では自明だと思っていても、相手は納得していない可能性がある以上、まずはきちんとその理由を説明することが必要です。

ほかにも「なんで？って言われて思い出したんですけど、先日A社の……」と話題を変えたり、相手の発言に対して揚げ足をとったりするパターンも、話をそらしているだけで理由にはまったく触れていないためNGです。

このような「理由になっていない理由」は、文章で読むとはっきりダメな会話だと気づくのですが、実際の口頭でのコミュニケーションでは、無意識のうちにやっていることが多々あります。

結論（主張）を言ったあとに理由（根拠）を述べたつもりでも、相手がピンときていない様子だったら、自分が言った理由がちゃんと理由として成立していたかどうか振り返ってみてください。

POINT

自分が納得するだけでは「理由」にならない

「事実やデータ」がない理由は、ただの感想

このように、結論（主張）→理由（根拠）という流れを理解していても、「理由になっていない理由」では説得力がありません。

あなたが述べた理由が、ただの感想なのか、それとも説得力のある論拠なのか。

それを分ける決め手になるのが、理由を裏付ける事実やデータなど**「具体的な情報があるかどうか」**です。


私は第2章で、「コンサルは結論ファースト」という話をしましたが、私たちは仕事を行ううえで、まず結論を導くための仮説を立てます。

例えば、業務が非効率になっている原因を探る案件なら、まずは「部長の社内決裁が滞っているからではないか？」といった仮説を立ててみます。

ここで重要なのは、仮説を立てた段階では、まだ非効率であることを示す根拠は何もな

いということです。

つまり、「作業が非効率なのは、部長の決裁の遅れが原因」というのは、説得力を持つ論理構成にはなっておらず、「ただの感想」にすぎません。


そこで次に、仮説が本当に正しいのか、事実やデータを見つけて検証します。

いわゆる「仮説検証」というものです。

「部長の決裁が滞っているから作業が非効率なのではないか？」という仮説が正しいかどうかを確かめるには、実際の作業にかかるリードタイムの調査や、部長や担当者にインタビューを行って、実態を明らかにしていきます。

その結果、例えば部長が決裁できる件数が一日に10～20件なのに対し、決裁依頼が毎日20件以上あるといった事実が判明すれば、仮説は正しかったと言えます。

一方、調査の結果、部長は決裁作業にほとんど時間を費やしていないことがわかれば、仮説は正しくなかったとして、また次の仮説を考えることになります。

コンサルタントは「結論ファースト」であるのと同時に、「**ファクトベースで話をする**」

というスタンスを求められます。

私たちコンサルタントは、サービス内容によっては、パワーポイントで作成した数十枚の資料に数千万円といった料金を頂くこともあります。

だからこそ、そこで伝える意見や考えはただの感想や思いつきではなく、高い価値を持つ「正しい情報」である必要があるのです。

あなたが実際に説明を行う場合にも、相手は無意識のうちに疑問を抱きながら話を聞いています。

そして、その疑問に答えるような説明を続けることで、相手がスムーズに理解できる流れができるのです。

例えば日常の会話でも、このようなやり取りがあるはずです。

～友人と牛丼チェーン店を訪れた場面で～

自分「僕、牛丼が大好きなんだよね」　**↓主張**

友人「そうなんだ（なんで好きなんだろう？）」　**↓疑問**

自分「ウマいし、料理が出てくるのが早いから」**↓理由**
友人「でもたまに遅くなることもあるでしょ？」**↓疑問**
自分「ここの牛丼チェーン店は時間管理に厳しくて、遅くとも1分以内に提供するようマニュアル化されているんだ」**↓事実**
友人「なるほど、そうなんだ」**↓理解・納得**

このように、主張や結論を伝えると相手はその理由が気になり、理由を伝えると今度はその理由が本当なのかが気になります。

なので、その理由を裏付ける事実やデータを続けて説明することで、相手の納得感が促されるわけです。

仕事上で何か理由を伝える場合でも、

- ✓ **自身の経験や直接見聞きした情報**
- ✓ **会議やインタビューでの発言**
- ✓ **議事録やメールなどの記録**

- ✓ **システムなどから出力したデータや数字情報**
- ✓ **第三者による客観的な意見や考え**
- ✓ **信頼できるメディアや企業からの情報**

といった情報や事実、データに基づいて「理由をきちんと裏付けられるか？」と考えてみてください。

それができれば、主張や結論に至ったプロセスを相手も理解しやすくなります。

ただ、ひとつ注意してほしいのが、事実やデータには種類があるということです。

それは**「一次情報と二次情報」**です。

一次情報とは、あなたが直接見聞きした情報です。

例えば、あなたが旅行をしたときに様々なトラブルに巻き込まれたとします。

それらの教訓を踏まえて「あの国には注意したほうがいいよ」と伝える場合、そこでのあなたの体験は紛れもない一次情報です。

一方で、二次情報とは自分自身で直接見聞きした情報ではなく、何かや誰かを通じて得た情報のことです。

特に**インターネット上の情報は「誰が」伝えているかが大事**で、それによって信憑性は大きく異なります。

以前、私が担当していたプロジェクトで、メンバーの一人にシステム障害の報告書を作成してもらったことがあります。

そのメンバーは障害発生の経緯と原因、そして対策案を資料にまとめる際に、対策案が適切かどうかを裏付けるために専門家の調査結果を引用しました。

報告書のスライドには引用元の記載があったのですが、それを確認してみると、とある個人ブログの記事でした。

個人ブログとなると、その人が本当に専門家なのかどうか、その調査結果は本当に正しいのかが疑われて当然です。

さらにお客様から、「その対策案で本当に問題が解決するの？」と聞かれたら、「はい、あるブロガーが自身のブログで解決したという記事を見つけまして……」という回答をしなければいけないことになります。

あなたがお客様の立場で、提案内容の根拠が個人ブログ（だけ）だとすると、どう思いますか？

「そんな提案は信用できるわけがない」と思ってしまいますよね。

たとえその情報が事実だとしても、発言内容の一部が省略されていたり、脚色されていたり、記録した人の個人的解釈が含まれていたり、さらにデータが加工されていたり。

そんなことが起これば、事実と異なる結論になってしまう可能性があります。

特に最近は、フェイクニュースだけでなく、生成ＡＩによる〝いかにも〟な記事が簡単に作れてしまいます。

だからこそ二次情報を扱う場合には「誰が伝えているか」を正しく理解して使用しなければいけません。

POINT

理由を言うときは必ず「事実やデータの裏付け」を探す

理由は「3つ」あると強くなる

ここでもう一つ、説得力を出すコツをお伝えします。

それが、主張の後の理由を「3つ」述べるというテクニックです。

ロジカルなプレゼンテーションを構築するうえで、コンサルタントが意識しているのが「マジックナンバー3」という考え方です。

「ポイントは3つあります」「次の3つの理由により」といった具合に、「3」という数字は脳が記憶しやすく、量としてもちょうどいいと言われています。

例えば、友人から「今度の旅行、ハワイに行こうよ」という提案をされたとして、その理由として「ハワイは暖かいから」だけだとどう思いますか?

確かにハワイは暖かくて快適ですが、「理由はそれだけ? シンガポールとかバリ島だって暖かいじゃん」と言いたくなります。

こういった感じで、理由が一つだけだと、どうしても不足感が出ます。

商品を買う場合も、「この商品が他社のものよりも安いからです」と伝えると、「え、安いだけで決めちゃったの？」とか、「安けりゃ何でもいいの？」みたいな疑問を抱かれるかもしれません。


理由は主張や結論を支える土台となるものです。

この土台を1本の脚で支えると不安定ですし、2本でも安定しません。

カメラの三脚もそうですが、物を支える土台には少なくとも3本の脚が必要なのです。

実際に主張や結論を支える理由は4つでも5つでも構わないのですが、あまり多すぎると「もう少しまとめてくれよ」と思われるので、やはり3つがちょうどいい数なのです。


ハワイにした理由は…


「年中暖かいから」

「海や自然がものすごくきれいだから」

「もう一度行きたいとずっと思っていたから」

この商品を選んだ理由は……

「他社のものより安いから」
「デザインがものすごくいいから」
「期間限定で今しか買えないから」

といった具合に、3つの理由を添えることで説得力が高まり、より相手が納得感を生みやすくなります。

例えば、これをTPREP法の流れに組み込んでみると、

「年末の家族旅行だけど（テーマ）、
今年はハワイに行こうよ（結論）。
日本の冬は寒いけど、あっちはずっと暖かいし（理由①）、

海とかダイヤモンドヘッドとか自然がものすごくきれいだし**（理由②）**、
ほら、みんなももう一度行きたいって言ってたじゃん**（理由③）**。
だから今年はハワイにしようよ**（結論）**」

といった具合に、「テーマ」+「結論」+「理由①」+「理由②」+「理由③」+「結論」という流れもよく使われます。

説得力を出すバリエーションとして、ぜひ実践してみてください。

POINT

3つの理由があれば、主張は「安定」する

▼話のフレームを作る「テンプレ論理構築術」▲

ここまでをおさらいすると、30秒程度の説明で理解や納得を得るには、次の3ステップがあることを述べてきました。

①コアメッセージとなる「結論（主張）」を伝えたうえで、
②主張や結論の裏付けとなる「理由（根拠）」と、
③理由や根拠を裏付けるための「事実（データ）」を伝える

私は、これら「結論（主張）」「理由（根拠）」「事実（データ）」のことを、**「論理構築3点セット」**と呼んでいます。

この3点セットは、見方を変えれば次のような問いかけを自分にすることです。

①「何が言いたいんだっけ？」（結論）
②「なんでそうなるんだっけ？」（理由）
③「ファクトがあるんだっけ？」（事実）

「急に質問をされて説明しなければいけない」ときや、「仕事内容が複雑で考えがまとまらない」といった場合は、この３つを自分に問いかけてみてください。

論理的な説明ができるようにロジカルシンキングの専門書を開いて、やれ「演繹的だ」とか、「帰納的だ」とか、「ピラミッドストラクチャーだ」「ロジックツリーだ」と難しいことを学ぶ前に、まずはこの３つの要素を押さえたほうがいいです。

そして、この3点をより実践的に〝整理しながら使う〟方法があります。

それが、次ページの図6のような三角形をテンプレートとして覚えておき、３つの頂点をつなぐように話すことです。

この図6には「結論（主張）」「理由（根拠）」「事実（データ）」という3点を結んだ三角形があり、中央に書かれているのがテーマ（論点）になります。

図6

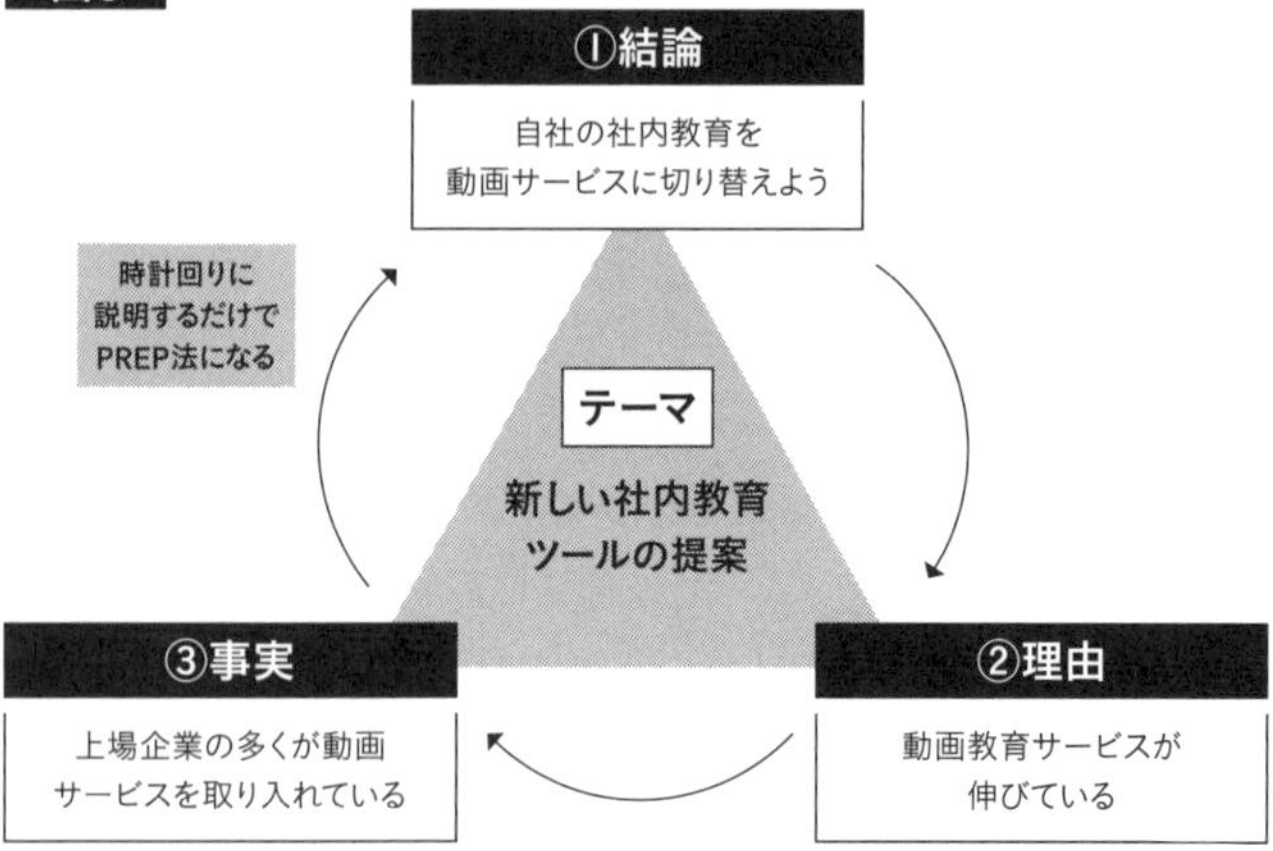

①結論
自社の社内教育を
動画サービスに切り替えよう
時計回りに
説明するだけで
PREP法になる
テーマ
新しい社内教育
ツールの提案
②理由
動画教育サービスが
伸びている
③事実
上場企業の多くが動画
サービスを取り入れている

まず伝えるべきテーマ（三角形の中央）を設定し、3つの頂点を埋めるように考えていくことで「自然と論理構築ができる」というのが、この論理構築3点セットの特徴です。

急に「何か説明をしなければいけない」となったときには、頭の中でこの論理構築3点セットをパッと思い出して、3つの要素を埋めるように考え、「結論（主張）」→「理由（根拠）」→「事実（データ）」という順番で話してみてください。

すると、**この流れで話すだけで自然とPREP法と同じ説明ができる**ようになります。（また、中央の「テーマ」から話せば自然とTPREP法の流れになります）

図6の場合は、「社内教育を動画サービスに切り替えましょう。今は動画教育サービスが伸びていて、すでに上場企業の多くで導入されています」といった感じで、要点を絞ってスムーズに言葉を並べることができるはずです。

説明がうまいコンサルやプレゼンに長けた起業家などは、こうした論理構築を無意識のうちに頭の中で瞬時に行い、その通りに話すくせがついています。

論理構築3点セットは、その考える順序を可視化したものにすぎません。

頭の中で常にこのテンプレートをイメージし、最初のうちは紙に書き出しながらでもいいので、それぞれの内容を挙げてみてください。

何度かやってみて慣れてくれば、その後は紙に書かずとも頭の中で3点が埋められるようになるはずです。

POINT

頭の中で「3点」を埋めて、その順番に話すくせをつける

結論から考えるか、事実から考えるか

では実際に、「論理構築3点セット」を使って、相手に何かを説明する際の論理構築パターンを練習してみましょう。

実際に説明を行う際に論理を構築していくパターンには、次の2つがあります。

①最初から伝えたい結論（主張）が明確なパターン

②伝えたい結論（主張）が見えていないパターン

この2つのパターンでは、3つの頂点を埋めていく順序が異なります。

まず①ですが、最初から主張や結論が明確なら、まず「結論（主張）」の部分が埋められるので、**「結論（主張）」→「理由（根拠）」→「事実（データ）」という順**で話の筋道を立てていきます。

図7

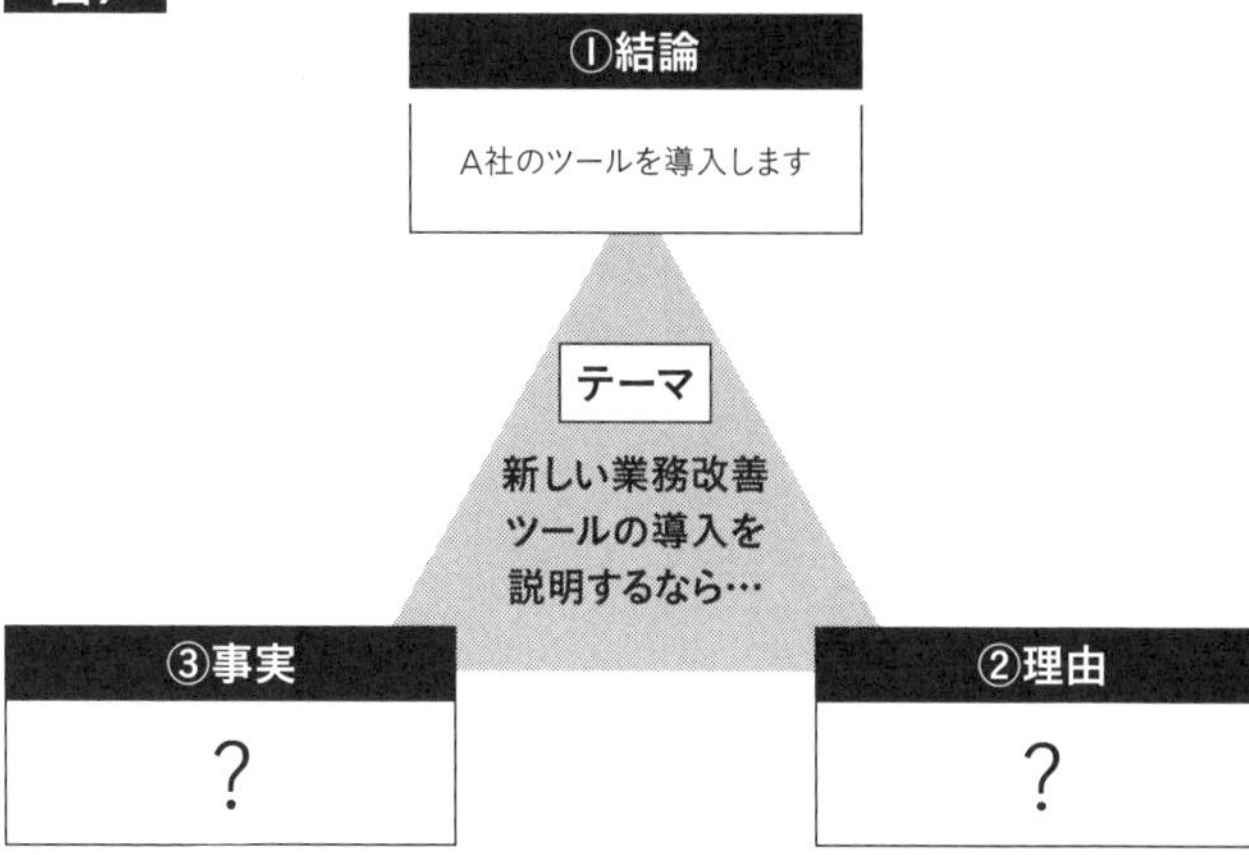

今回は、先ほどからの「A社の業務改善ツールを導入することが決定した」というケースで考えてみましょう。

結論は当然、「A社のツールを導入します」という内容になります。（図7の①）

この結論を伝えたところ、周囲から「なんでA社に決まったの？」といった疑問が伝えられてきたので、理由を説明する必要が出てきました。

そこで、「A社のツールは使い勝手がよく、改善効果も高い」「コスト面でも優秀」といった理由を埋めていきます。（次ページ図8の②）

このように「結論（主張）」と「理由（根拠）」が整理できれば、「A社の業務改善

図8

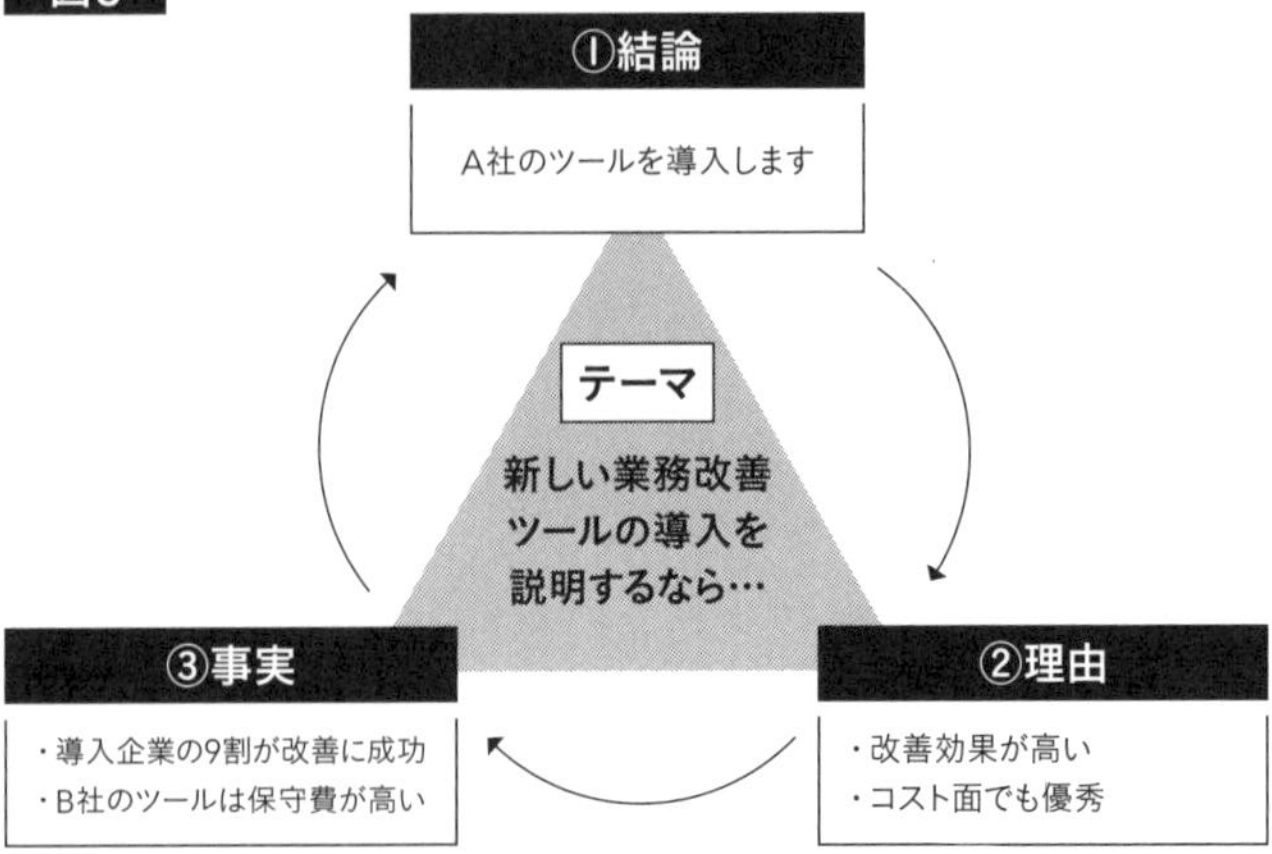
①結論
A社のツールを導入します
テーマ
新しい業務改善
ツールの導入を
説明するなら…
②理由
・改善効果が高い
・コスト面でも優秀
③事実
・導入企業の9割が改善に成功
・B社のツールは保守費が高い

ツールを導入することになりました。その理由は、改善効果が高く、コスト面でも優秀だからです」といった説明ができます。

しかし、それでも「本当に改善効果が高いの？」とか、「B社のツールも安いけど、なんでダメなの？」といった疑問が出てきたらどうするか。

そのために、最後の頂点「事実（データ）」を埋めていきます。例えば、

「A社の調査結果では、実に9割以上の導入企業が効率化に成功している」

「B社のツールは導入費用は安いがランニングコストが高い」

といった理由を裏付けるデータがあれば、説得力が高まります。（図8の③）

こうして3つの頂点を埋めた結果、①②③をつなげて、次のような説明ができるようになりました。

「今回はA社のツールを導入することに決まりました**（結果）**。その理由は、業務改善効果が高くコスト面でも優秀だからです**（理由）**。A社の調べでは導入企業の9割が業務改善に成功しており、他社ツールと比較しても最も安く導入できます。**（事実）**」

このように、最初から伝える内容が明確なら、「結論（主張）」→「理由（根拠）」→「事実（データ）」という流れで各頂点を埋めていきましょう。

どんなに長い説明をする際にも、この3つの要素を正しく押さえておけば、話が論理的に破たんしたり、内容がわき道にそれたりしなくなるはずです。

POINT

結論がわかる場合は「結論→理由→事実」の順で考える

結論が出ていないときに使う「空・雨・傘」フレームワーク

一方で、②の「伝えたい結論が最初はないパターン」ではどうすればいいのか。

例えば「複数の案のうち、どの案が最もいいのかを考える」や、「大量のデータから傾向を見つけ出す」「調べてみないと相手からの質問に対して回答できない」といった場合は、自分のなかで最初は結論が見えていません。

このような場合には、いったん結論を出したり、仮説を立ててそれを裏付けていく方法が有効です。

しかし、「実際のデータや事実を見てみないと仮説すら立てられない」という場合もあります。

そんなときは、**三角形の頂点を埋める順を逆**にしましょう。

つまり、「事実（データ）」→「理由（根拠）」→「主張（結論）」という順です。

まず「事実（データ）」を埋めて、そこから見えてくる一般的な傾向を「理由（根拠）」として埋め、最後に「結論（主張）」を導き出すという手順で考えていきます。

実はこれ、コンサル業界では有名な「空・雨・傘」という問題解決のフレームワークでもあり、ビジネス提案を行う際のストーリー作成などによく用いられています。

「空・雨・傘」とは順番に、

✓ 空：空を見たら雲が広がっている（事実）

✓ 雨：どうやら雨が降りそうだ（解釈↓理由となるもの）

✓ 傘：傘を持っていこう（結論）

といったかたちで、主張や結論に至るプロセスを分解して整理したものです。

この場合、空を見たら雲が広がっているという「事実」から、雨が降りそうだという「解釈（理由・根拠）」を行っています。

そして、雨が降りそうだという理由により、傘を持っていこうという「結論」を導き出すわけです。

図9

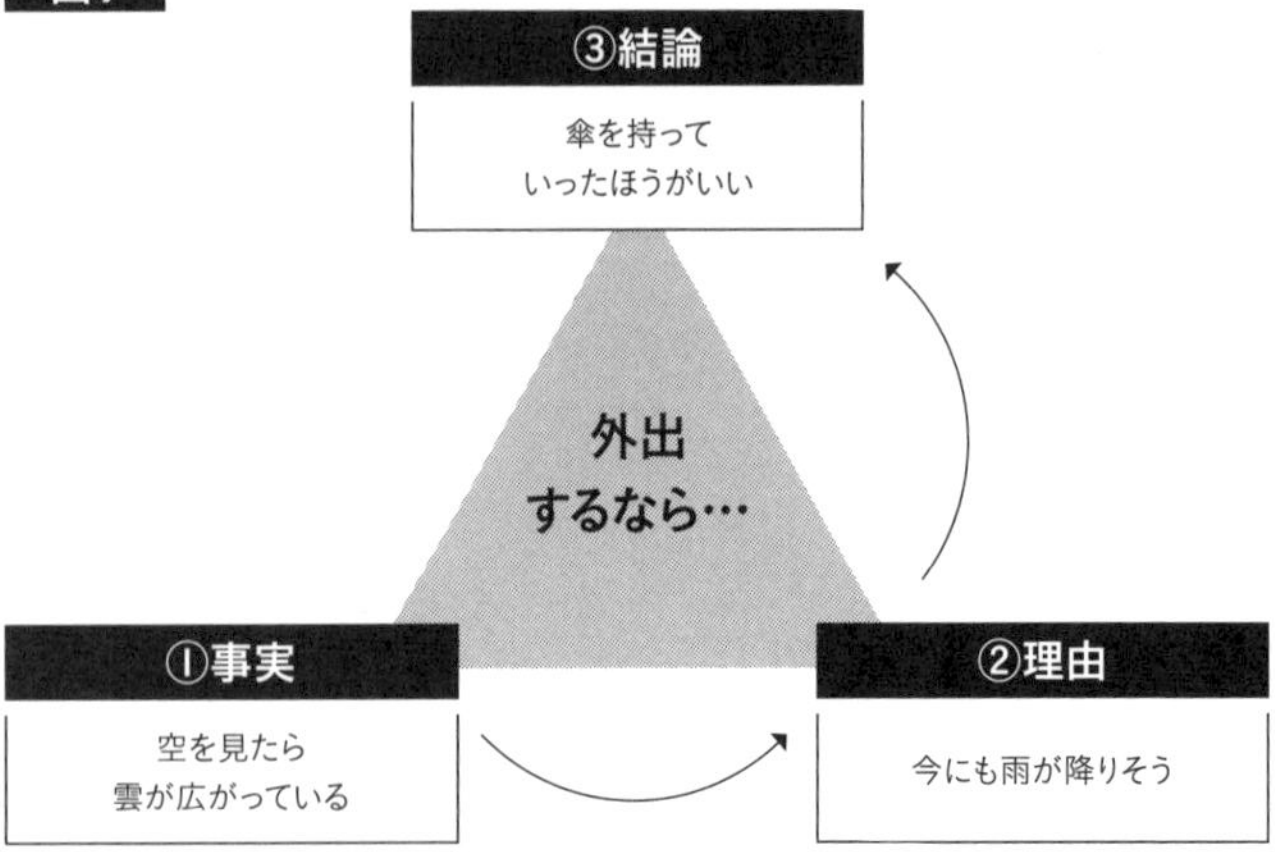
③結論
傘を持って
いったほうがいい
外出
するなら…
①事実
空を見たら
雲が広がっている
②理由
今にも雨が降りそう

相手に伝える際には、「外に出るなら傘を持って行ったほうがいいよ。だって雨が降りそうだからね」というメッセージに変えていきます。

そう、これは我々が日常生活で**よく使っている表現そのもの**です。

私たちは普段から、無意識のうちに特定の事象を事実としてとらえ、そこから何かしらの解釈をして、最後に主張や結論を導き出すという思考プロセスを行っているのです。

改めて論理構築3点セットに当てはめると、図9の矢印のように、先ほどまでとは逆の流れになります。

日常会話でもビジネスの場面でも、考え方は同じです。

「事実をとらえ、そこから理由となる解釈を考えて、結論を導き出す」という自然な考え方ができるようになれば、それだけで説得力のある論理が構築できます。

「何が言いたいんだっけ？」（主張）
「なんでそうなるんだっけ？」（理由）
「ファクトはあるんだっけ？」（事実）

このような問いかけをして、論理構築3点セットが無意識のうちにパッと頭の中で形成できるようになれば、どんな場面でもあなたの強みになるはずです。

POINT

「結論」がわからなければ「事実」から推察していく

「3分の説明」の組み立て方

では、これまで解説してきた「30秒の説明」を踏まえて、次は時間を「3分」に広げて組み立てていきましょう。

この3分という時間設定はとても大事で、私も仕事ではかなり重視しています。

例えば私の場合、毎週のプロジェクト全体会議というものがあり、そこで「現在の作業状況はどうなっているか？」「遅れているのなら、なぜ遅れているのか？」「具体的に何が遅れているのか？」といった質問への報告を求められます。

その際、大きなプロジェクトだと多くのチームが限られた時間内で報告しなければいけないので、一チームあたりの目安として「報告3分、質疑応答2分」といった時間を意識して進めていかないと、全チームの報告が終わりません。

なので、言いたいことだけをダラダラと報告するのはＮＧ。

3分という制約のなかで話を組み立てながら説明する必要があるのです。

このように、普段の仕事では30分～1時間のプレゼンのような、しっかりとスライドを作りこんで話をする機会よりも、

「上司やお客様に対する作業状況の報告」
「会議で特定のテーマの要点の説明」
「新規事業のための新しいアイデアの提案」
「自社の製品やサービスの特徴や利点の説明」
「問題発生時の原因や解決策の説明」

といった、ちょっとした報告や説明を3分程度でクイックに伝える場面のほうが圧倒的に多くなります。

こうした場面を見据え、**3分で丁寧な説明ができるようにしておくと、あらゆるシーンに応用がきく**ようになります。

では、3分でどのような伝え方を意識すべきかというと、大きな流れは30秒での説明と

同じです。
ただ違うのは、**「結論（主張）」：「理由（根拠）」：「事実（データ）」を1：1：1の関係ではなく、"どこかを増やす"**ということです。

パターン①　理由（根拠）を掘り下げる

最初のパターンは、一つの結論（主張）に対して、複数の理由（根拠）を述べて強化していく方法です。
30秒だと一つの理由しか説明できませんが、3分あればもっとじっくり説明できます。その際も、マジックナンバーである「3つの理由」を挙げて、結論に対する説得力を高めていきます。例えば次のようなかたちです。

「私がA社のツールをすすめるのには、次の3つの理由があります」
「1つ目は、動作がスムーズでとても使い勝手がいいことです。具体的には、UX（ユーザーエクスペリエンス）がこのように設計されていまして……」（理由①）
「2つ目は、導入費用がとても安いことです。具体的にこれまで使っていた

ツールと比較しますと……」（理由②）
「さらに３つ目として、アフターサービスが充実していることも挙げられます。具体的には定期的なアップデートがあり……」（理由③）

「このように3分あれば、一つひとつの理由を丁寧に、そして、それぞれの理由に具体的な事例やデータを添えて述べることが可能になります。

パターン② 事実（データ）を掘り下げる

理由（根拠）を説明しても相手が納得できないのは、その裏付けとなる具体的な事実やデータに乏しいからです。

かといって、事実やデータを一つだけ提示しても、相手は納得してくれませんし、なかなかイメージにつながらなかったりします。

そのようなときは、事実やデータをさらに掘り下げて、いくつかのパターンや具体例を提示するのが有効です。

一つの事実だけでは納得しない相手も、角度を変えていくつかの例を提示することで、理解度が上がり、納得してもらいやすくなるのです。

「私はA社のツールをオススメします」
「その理由は、なんといっても使い勝手のよさです」
「例えば、A社が発表しているデータでは9割の企業が…」（事実①）
「また、すでに導入した競合他B社では…」（事実②）
「さらに試験的に数人に使ってもらったところ…」（事実③）

このように、事実（データ）を複数挙げて、理由（根拠）を強化していきます。

その際は、できるだけ相手の目線に合った具体例を出して説明すると、より解像度が高いイメージを植えつけられます。

このように3点を押さえておけば、3分の中でも締まった説明ができます。

逆に**3分で全体像を説明できないプレゼンは、構成が冗長だったり、整理できていなかったりすることが多く、そもそも構成自体が間違っている**ことも多いです。

そして、３分で話すことができるようになれば、そこから10分、30分、１時間と話を広げていくことは、びっくりするくらい簡単です。

方法はただ一つ。掘り下げる場所を増やすだけ。

「理由をそれぞれ３つ」→「それぞれの理由を裏付ける事実をそれぞれ３つ」といった具合に整理して説明すると、おそらく1時間あっても足りないボリュームになるはずです。

ただ、忘れないでほしいのは、このような長い説明をするには「３秒の一言」となる〝コアメッセージ〟がなければいけないということ。

話の内容が相手に刺さらなければ、どんなに長い説明をしてもムダです。

相手目線から最も伝えるべきコアメッセージを押さえたうえで、次は30秒、さらに３分と、説明の幅を広げていくことを意識してください。

POINT

３分の説明では「理由」や「データ」を深く掘り下げる

第5章

自分の言葉で話す「コンサル流テクニック」

——誰かの言葉では、相手を動かせない

相手の目線で論理を構築し、3秒、30秒、3分で伝える。
これを実践することで相手を聞く姿勢にし、
相手の納得を得て、行動に移してもらうことが
できるようになります。

ここまでの内容でも十分に効果はありますが、
第5章では、さらに相手に伝わるためのテクニックを
ご紹介していきます。

これらのテクニックは、
私がコンサルティングファームでの経験や、
プレゼンテーション指導の経験から身につけたものです。

一つひとつのテクニックはいずれも大きな話ではありませんが、
これらのテクニックを組み合わせることで、
あなたの説明やプレゼンが何倍も引き立つようになります。
ぜひ実践できるものから取り入れてみてください。

「具体的な説明」と「抽象的な説明」の使い分け

より相手に伝わる説明をするには、相手の理解レベルに合わせて、話の解像度を上げたり下げたりすることが有効です。

説明をしても「あまり伝わってないなぁ」と感じたとき、解像度を高めた説明ができるようになれば、相手の理解度もぐんと高まります。

ここで言う**話の解像度とは、「具体的に話すか」「抽象的に話すか」という違い**です。

例えばあなたが営業部にいたとして、業務報告の指示を出すとき。

「訪問件数と受注件数、受注日と受注金額を営業店別に整理して、受注金額の高い営業店から順に並べ替えといて」といった指示は具体的です。

一方、同じ業務をお願いするにしても、「営業店別の受注金額の一覧を作成してくれる?」といった指示だと抽象的なものになります。

このように具体的な説明とは一つひとつを細かく説明すること、抽象的な説明とはそれらをまとめて大括りで説明することになります。

そして、こうした具体的・抽象的な伝え方は相手によって使い分けることが必要です。

例えばあなたが営業チームのリーダーで、先ほどの指示を次の2パターンのメンバーに説明する場合、どういった伝え方がいいと思いますか?

①営業部に配属されたばかりの新入社員
②報告書を毎月作成しているベテラン社員

これはすぐにピンとくると思います。

①の新入社員は、まだ仕事の内容がよくわかっていないので、「営業店別の受注金額一覧を作成してくれる?」といった抽象的な指示を出しても、どうやって一覧を作成すればいいのか、おそらくわからないと思います。

内容がよくわかっていないと思える人や、初めて伝える人に対しては、できるだけ具体的に伝えることが大事です。

一方で、②のベテラン社員については、資料の作成方法をイチから説明するのは違和感があります。

なので、内容がわかっている人や物事の本質部分を理解している人には、抽象的に伝えることが有効ですし、もしかして、この場合は「例のやつお願い」という一言で伝わるかもしれません。

仕事におけるコミュニケーションの場面では、相手が状況を理解しているのに細かく伝えたり、反対に、具体的な作業イメージを持っていないのに「資料を見直しといて」といった抽象的な指示や説明をしてしまう人が本当に多く見られます。

特に日本には「あうんの呼吸」という言葉があるように、行間を読ませてあえてすべて伝えないことを美徳とする文化があります。

あいまいに伝えることで相手に内容を読み取ってもらおうとする人もいますが、そのせいで情報が間違って伝わることも少なくありません。

そうではなく、まずは相手の理解のレベルを考えて、話の解像度を上げてより具体的に伝えるのか、内容を端的に抽象化して伝えるのかを意識してみてください。
抽象的な表現で「伝わっていないなぁ」と感じたら具体的に、具体的に伝えてみて困っていそうなら抽象的に……といった具合に、**柔軟に話の解像度を変える**ことができれば、あなたの説明力はよりと高まります。

では実際に具体的、抽象的に伝えるコツを紹介します。
まずは具体的に伝える方法ですが、これはまだそれほど難易度が高くありません。
情報の内容を、より細かく伝えるだけです。

「カレーにはたくさんの野菜が入っています」
↓
「カレーにはじゃがいも、にんじん、玉ねぎが入っています」

「まずはログインしてください」
↓
「ユーザーIDとパスワードを入力して、ログインボタンをクリックしてください」

このように、具体性をもたせたり、あるいは一つひとつの手順などを伝えるのが、具体的な話し方のコツです。

反対に、少し難しいのが抽象的に伝える方法です。

抽象的に伝えるコツは「それらのモノの共通点でくくる」ということです。

例を挙げると次のようなイメージです。

「あの子は、バナナやリンゴやブドウが好きなんだよ」

↓

「あの子は果物が好きなんだよ」

「やるべき作業を細かく分けて、それぞれの時間を算出して、各作業がいつごろ終わるか表にまとめといて」

↓

「スケジュールを作っといて」

このように、バナナとリンゴとブドウの共通点は、どれも「果物」だということ。

作業を細かく分けて時間を算出し、いつできるかを表にする作業は、いずれも「スケジュールを作成するステップ」だということ。

こうした**モノやコトの共通点を見つけ出して、それを一言で表す**のが、抽象的な話し方のコツです。

物事を抽象化して伝える力がつくと、メッセージを集約することができるので、3秒の一言を考える際にも大きく役立ちます。（第3章「話の要点を絞る方法」）

周囲からも一目置かれるようになりますので、ぜひ日々の仕事の中で練習を重ねてみてください。

POINT

相手の理解レベルに合わせて、話の「解像度」を調整する

「たとえ話」が上手になる方法

具体的な説明と抽象的な説明をうまく使う方法には、「たとえ話」を活用するテクニックもあります。

例えばクラウドサービスについて、「インターネット経由でユーザーにサービスを提供する形態のことだよ」と説明しても、ピンとこない人もいるでしょう。

そこで、「例えばＧｍａｉｌなんかはグーグルが提供しているクラウドサービスで、スマホだけじゃなくタブレットやＰＣとか、どのデバイスを使っても同じようにメールが見られるよね？　これって、クラウド上に自分のメールボックスがあるからなんだよ」といった身近なたとえを使うと、相手は理解しやすくなります。

あるいは、お年寄りにサブスクリプションモデルについて説明してもなかなかピンとこないでしょうが、「毎月スポーツジムにお金を支払ったら、施設とお風呂がいつでも好きなときに使えますよね？　同じように月額を払えば好きなときに好きな映画を観たり音楽を聴いたりできるんですよ」という身近な例で説明すれば、理解しやすくなります。

皆さんもこうしたたとえ話を日常で使っていると思いますが、実はこれ、無意識のうちに具体と抽象を「行き来」して生み出しているのです。

たとえ話とは、次のようなメカニズムによってできています。

①説明したい言葉や事象が伝わらない（具体）
②その言葉や事象の特徴を抽象化する（抽象）
③同じ特徴を持つ具体的なものに置き換える（具体）

先ほどの例でこの①②③を置き換えるなら、

①音楽や映画の「サブスク」の意味が通じない
②サブスクリプションモデルとは定期的な支払いを行ってサービスを利用すること
③同じ仕組みのスポーツジムの利用や新聞購読に例える

このような流れで、具体的なものをいったん抽象化し、特徴を具体化して相手が理解しやすい別のものに置き換える。

つまり**「具体→抽象→具体」という流れで考えていく**わけです。

この「具体・抽象の往復」を意識してできるようになると、たとえ話が上手くなります。

ポイントとしては、たとえ話を考えるときは「その特徴をほかのものに置き換えられないか？」「同じ特徴を持つものは何か？」という意識を持っておくことです。

ただ、ひとつ注意してほしいのが、

×自分が置き換えやすい例で伝える

○相手が理解しやすい例に置き換える

という違いを意識することです。

私が新入社員としてソフトウェア開発会社に入社した当時、熱狂的な阪神ファンの上司がいたのですが、彼はなんでも「野球で例える」という人でした。

熱いファンであることを否定する気はないのですが、仕事中でもちょくちょく野球用語を使って説明するのです。

「今回はポテンヒットのようなものだから、次は注意していこう」

「ストライクゾーン狭いから、もう少し視野を広げていけ」

「ホームラン狙いではなく、バットを短く持て」（もはや意味不明）

いわゆる〝野球用語おじさん〟の一人でしたが、野球を知らない同期入社の女子社員はいつも「？」という表情をしていました。

確かに自分が好きなスポーツや趣味で例えるのは簡単ですし、相手が同じ趣味嗜好を持つなら一気に理解が進むはずです。

しかし、大事なことなので何度も強調しますが、コミュニケーションで常に意識しなければいけないのは「相手目線」です。

相手が「どんなたとえならわかりやすいか？」という前提のうえで活用してください。

POINT

たとえを考えるときは「同じ特徴を持つ別のモノ」に置き換える

仕事を請け負うときに必ずすべき質問

仕事は常にいろんなところから発生しますが、上司から「これやっといて」と仕事を依頼される場面で、それを適切かつ効率的に進めるために、必ずしたほうがいい質問があります。

それは、**「何のために・何を・いつまでに」**ということです。

何か仕事を請けるときには、この言葉を呪文のように唱えてください。

仕事デスクのどこかにメモして常に意識してほしいくらいです。

仕事を請け負う時点で大事なのは、仕事の依頼主が思っているものとズレないようにすることです。

「これやっといて」「わかりました」といったやりとりだけで安請け合いすると、最後にアウトプットを見せたら「考えていたものと全然違う」ということになりかねません。

こうした仕事の手戻りや時間の浪費を防ぐためには、できるだけ仕事を請ける段階で大きくズレないことが大事です。

そのために大事な質問が、「何のために・何を・いつまでに」です。

この言葉には3つの質問が含まれていますが、少し具体的に書くと、

「その作業は何のために必要なのですか？」**（作業の目的を問う質問）**
「何を出せば（作れば）いいですか？」**（求めるアウトプットを問う質問）**
「いつまでに完了すればいいですか？」**（期日を問う質問）**

という意味になります。

仕事が非効率になるのは、こちらが準備したものと、仕事の依頼主が求めているものとが乖離しているからです。

- **社外向けに作成したが、社内利用目的で詳細化する必要はなかった（目的の乖離）**
- **パワポで丁寧に作成したが、メモ帳の箇条書きレベルでよかった（アウトプットの乖離）**

・急ぎだと思い徹夜で作成したが、来週の提出でよかった（期日の乖離）

こうした目的・アウトプット・期日が不明確なまま仕事を請けてしまうと、せっかく時間をかけて取り組んだ努力がムダになります。

そうならないためには、仕事を請けた時点でこの3つすべてをクリアにしておくこと。

さらに、普段からこの3つを質問できるようになったら、次のステップとして、相手に対して「質問」ではなく、第3章でご紹介した「自分の仮説」を伝えてみましょう。

「意図は何ですか？」と答えを求めるのではなく、相手の期待値を考えて「その指示はこういう意図ですか？」と自分の仮説を伝えることができるようになると、より相手からの信頼を得やすくなります。

まずは「目的・アウトプット・期日」を明確にする意識を持ち、そこからは少しずつ相手に対する伝え方を工夫してみてください。

POINT

「目的・アウトプット・期日」が明確なら相手の期待とはズレない

つなぎの言葉で「紙芝居」のように話す

さて、本書も終盤に差しかかってきました。

ここで私が普段教えている、プレゼンのコツをいくつかお伝えしようと思います。

第1章の3秒の一言の例文で、

「伝わるプレゼンに必要なのは『ブロック』と『ブリッジ』です」


と紹介したのを覚えているでしょうか？

もしかすると、「ブロックって何？」「ブリッジって何？」といった疑問をお持ちの人もいると思いますが、そのモヤモヤを解消するためにここで〝伏線〟を回収させてください。

例えばスライドを用いて、次ページの図10のようなプレゼンを行うとします。

これは、「問題の提示」→「原因の説明」→「改善策の提案」というスタンダードなプ

図10 スライドの間が〝ぶつギレ〟のプレゼン

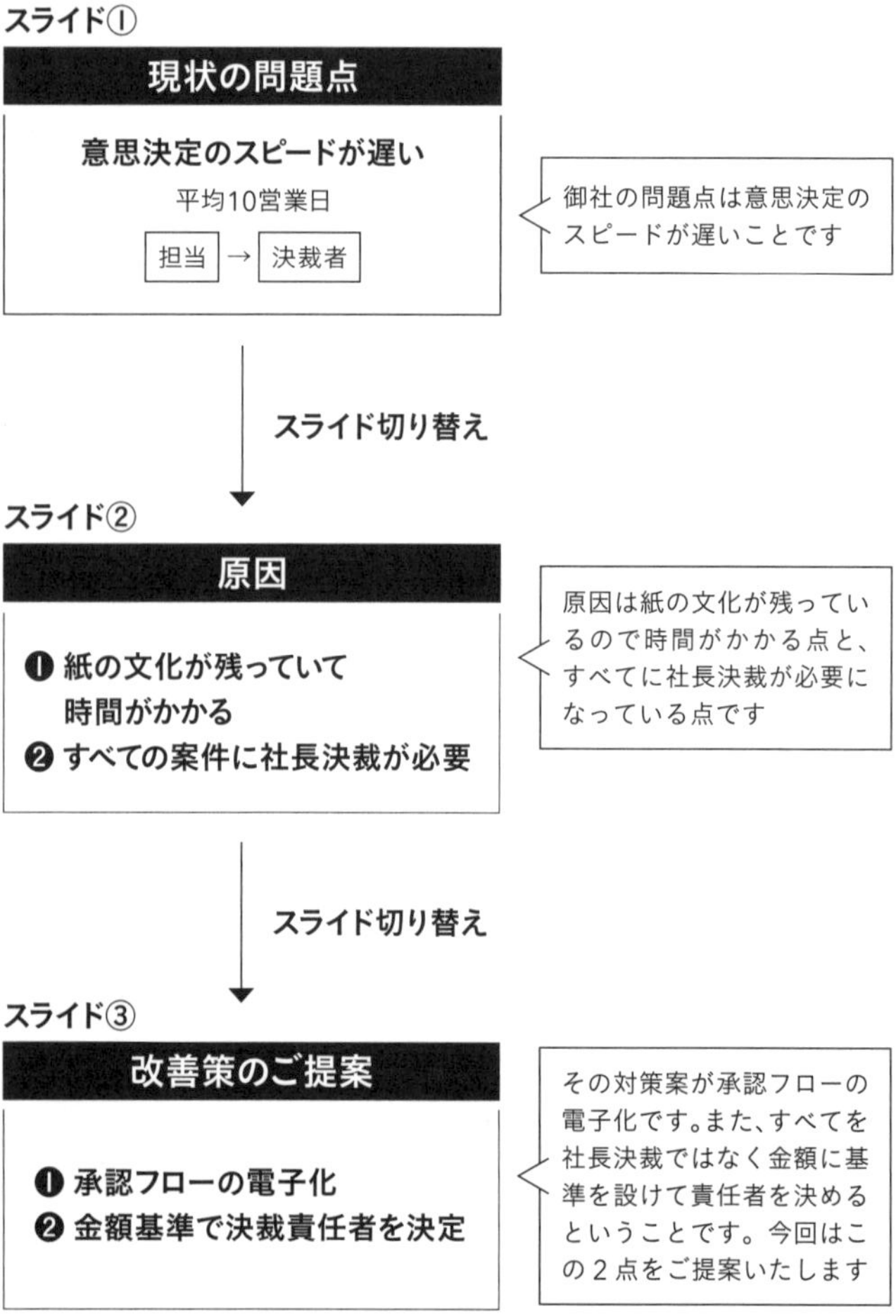
スライド①
現状の問題点
意思決定のスピードが遅い
平均10営業日
担当 → 決裁者
御社の問題点は意思決定のスピードが遅いことです
スライド切り替え
スライド②
原因
❶ 紙の文化が残っていて時間がかかる
❷ すべての案件に社長決裁が必要
原因は紙の文化が残っているので時間がかかる点と、すべてに社長決裁が必要になっている点です
スライド切り替え
スライド③
改善策のご提案
❶ 承認フローの電子化
❷ 金額基準で決裁責任者を決定
その対策案が承認フローの電子化です。また、すべてを社長決裁ではなく金額に基準を設けて責任者を決めるということです。今回はこの2点をご提案いたします

レゼンの流れになっていて、各スライドを見せたときに吹き出しにあるような説明を口頭でしていくイメージです。

この順序でそのまま話し、（スライド切り替え）というタイミングで次のスライドに切り替えて説明しても、流れが整理されているのでそれなりには伝わります。

ただ、プレゼンの流れはできているのですが、「スライド①問題点の指摘」「スライド②原因の説明」「スライド③改善案の提案」と、説明自体はそれぞれで完結しています。

そのため、「今から問題点の話をします」「今から原因の話をします」「今から対策の話をします」と、**スライドとスライドの間でいちいち話が途切れてしまいます**。

これだと人によってはスライド間の関係があまりつながっていないように聞こえてしまうという問題があるのです。

わかりやすい説明とは、「話がつながっていること」であり、「相手にとっての筋道が通っていること」が重要です。

したがって、それぞれの説明で終わらせるのではなく、各スライドを一つのストーリーとしてつなぐことが必要になります。

そこで紹介するのが「**紙芝居メソッド**」です。

この方法を用いて、スライド間の関係をつなぐ作業を行います。

子供のころ、幼稚園などで紙芝居を見たことがある方ならイメージできるでしょう。

紙芝居の話し方は、一枚一枚の絵を説明するのではなく、物語を話しながら、時には早く、時にはゆっくりと絵をめくっていきます。

「おじいさんとおばあさんが桃を割ってみると、なんと！」（絵をめくる）「桃の中から小さな赤ん坊が飛び出してきたではありませんか！」みたいな感じです。

紙芝居メソッドとは、このような話の流れに着目して話をする方法です。

全体のストーリーに着目して、次のスライドを見せる前に、次に話す内容について〝少し触れてからめくる〟ようにします。

そうすることで、**前のスライドと次のスライドが、全体のストーリーとしてつながってくる**ので、理解しやすくなるのです。

先ほどの例を紙芝居メソッドを使って話すと、図11のようになります。

図11　「紙芝居メソッド」で流れをスムーズにする

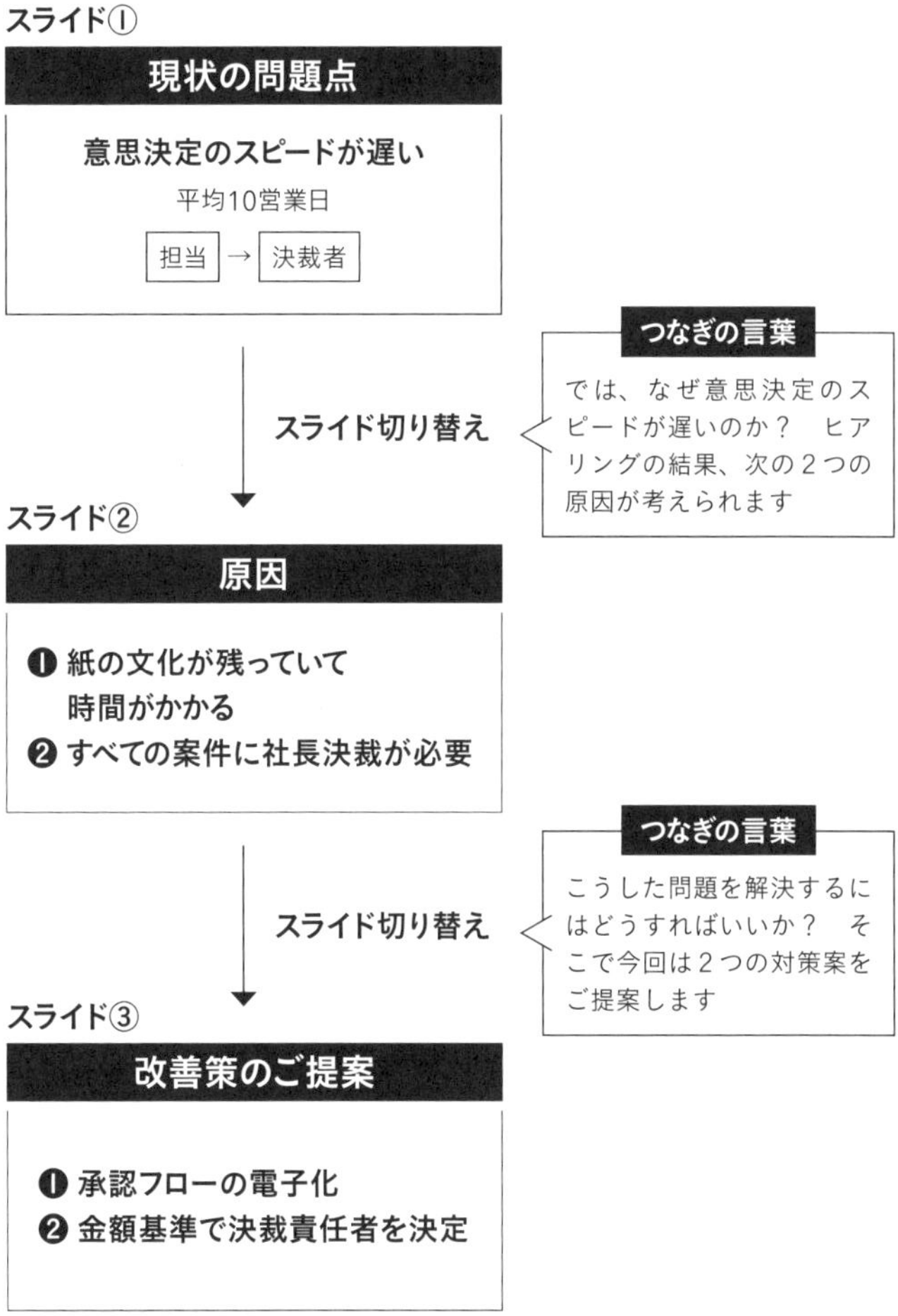
スライド①
現状の問題点
意思決定のスピードが遅い
平均10営業日
担当 → 決裁者
スライド切り替え
つなぎの言葉
では、なぜ意思決定のスピードが遅いのか？　ヒアリングの結果、次の２つの原因が考えられます
スライド②
原因
❶ 紙の文化が残っていて時間がかかる
❷ すべての案件に社長決裁が必要
スライド切り替え
つなぎの言葉
こうした問題を解決するにはどうすればいいか？　そこで今回は２つの対策案をご提案します
スライド③
改善策のご提案
❶ 承認フローの電子化
❷ 金額基準で決裁責任者を決定

さて、ようやく伏線の回収ですが、このように一枚一枚のスライドを「ブロック」、そしてこのスライドとスライドとをつなぐ言葉を「ブリッジ」と言います。

つまり説明の「ブロック」をつなぎ言葉の「ブリッジ」でつないであげることにより、**プレゼン全体が一つのストーリーとしてスムーズに流れていく**のです。

これはプレゼンだけでなく、様々なシチュエーションで使えるテクニックでもあります。

口頭で説明する際にも、「ブリッジ」になるつなぎの言葉を意識して話すと、相手は全体の流れを摑みやすくなり、より心地よく話を聞けるようになります。

説明するときには、どうしても今見えているスライド（今している話）を説明することにばかり意識が向きがちですが、それだと話が〝ぶつ切り〟になりやすいのです。

相手が「あれ、今どの説明を聞いているんだっけ？」と混乱しないように、スライドとスライドを言葉でつなぎ、全体の流れを見せることを意識してください。

POINT

「つなぎの言葉」を使うと、相手がストーリーを理解しやすい

▼自分と相手の話は「３：７」の配分でいい▲

私はプレゼン講座の中で「プレゼンはライブである」とお伝えしています。

その理由は、**最初から想定した通りに進むプレゼンはほとんどない**からです。

私が一緒に仕事をしたコンサルタントのなかで、個人的に「プレゼンの柔軟性がスゴイ」と感心した後輩がいました。

彼は九州出身で、いわゆる「九州男児」でありながら、慶應大学を卒業してホストとして働き、のちにコンサルティングファームに転職したという、ものすごく変わった経歴の持ち主でした。

九州男児だけあって、男らしくて頑固で根は真面目なのですが、人と話すときの物腰はこれでもかというくらい柔らかい人でした。

相手に合わせたトークも軽快なので「さすが元ホスト」と周りから揶揄されるくらい、

話すのが上手でした。

例えばクライアントとのスケジュール調整の場面でもこちらの要望を呑んでもらったり、課題についての意見が割れたときは先方の上司と直接かけ合って丸く収めたり、とにかくコミュニケーションスキルに長けていました。


彼とはよく飲み会をしていたので、ホスト時代の話を聞くことも多かったのですが、彼の会話術にはものすごく伝え方のヒントになる要素が隠されていました。

彼が言うには、最初に考えた**構成や資料に沿って最後まで話しきるのは「ダメな伝え方」**だと。

逆に、彼が話をするうえで普段から意識しているのは、「自分が話すことで相手がどういう反応を示すか？」ということでした。

そして、相手の仕草・表情・反応に応じて話す順を柔軟に変えているそうです。

反対に、相手が話をしたい様子のときには、できるだけこちらは聞き役に徹する。

自分の意見を押し付けるのではなく、相手が思っていることや考えに共感を示しながら、「自分の意見も踏まえてどの方法が最適だろうか？」と一緒に考えることで、自然と相手との距離感が縮まっていく。

その結果、「自分の考えが通りやすくなる」と言うのです。

彼いわく、「自分が話すのは3割でよく、残りの7割は相手に話してもらい、距離感を縮めてクロージングに入る」ことが、相手を動かす極意なのです。

これはまさに、相手目線を持つことの極致です。

どれだけ「相手目線で話をしましょう」と伝えたところで、いざ説明となると、どうしても自分の話を伝えきろうとしてしまいがちです。

そうではなく、「言いたいことだけを一方的に伝えてしまっていないか？」と考える。

話をしながら相手の反応をしっかりと見て、もし相手が納得していないようであれば、「もっとわかりやすく噛み砕いて説明できないだろうか？」と思案する。

もし相手が何か疑問を抱いているようなら、「何か不明点はないですか？」と声をかける。

このように**目の前の人と真に向き合ってこそ、はじめて相手目線の説明**になります。

本当に話が上手な人とは、相手の思考ロジックに沿って話せる人、つまり話しながら相手の反応に気づける人なのです。

すでにお伝えした通り、**プレゼンは双方向のコミュニケーション**です。スピーチ大会やYouTube動画のように、伝える側が一方的に話すものではありません。

常に相手の反応を見ながら、想定した通りであれば当初通りのストーリーで進める。相手が想定外の反応を示すのであれば、掘り下げたり前提を揃えたり、質問をしたりして、双方向に意見を交換していく。

そんなスタイルができれば、自然とお互いの距離感が縮まり、より考えが通りやすくなります。

ちなみに元ホストの後輩は、その後コンサルティングファームを退職し、父親が経営する家業を継ぐため九州に戻りました。

もし今もコンサル業を続けていたのなら、ものすごい逸材になっていたのかもしれませんね。

POINT

相手の表情や反応に応じて、話す順番は柔軟に変える

自分の言葉で伝える

私は自身のＹｏｕＴｕｂｅ動画で、ビジネス書を紹介することがあります。

ビジネス書が好きで月に20冊ほど読んでいるのですが、本当に仕事に役立つと思った書籍は人に薦めたくなるからです。

そうするうちに、出版社から「動画で紹介してほしい」といったご依頼をいただくようになりました。

しかし、私はこうした依頼は基本的にお断りすることにしています。

その理由は、「言葉に自分の感情が乗ってこない」からです。

実際に読んでみて、「そんなにいい本ではなかったけれど、依頼なのでいいところを見つけて紹介するか」といった割り切りは、やろうと思えば実際にできてしまいます。

でも、「この本は本当にいいものですよ」と発したその一言に、自分の感情が乗ってこないのです。

これは私の持論なのですが、相手に伝わるには**「うまく」説明するよりも「自分の感情を込めて」説明する**ことのほうが、よほど大事だと思っています。

例えばグルメ番組で芸能人が「うまい！」と言っているのを聞いたとき、「なんか言わされている感があるな……」と思ったことはないですか？

本当に美味しいときなら、その言葉に気持ちが込もっているし、明らかに表情が違っていたりします。

実は私たち人間は、非言語コミュニケーションの達人です。

いくら言葉でいいことを伝えても、その言葉のトーンだったり抑揚だったり、表情やしぐさなど、非言語部分でそれが本当かどうかを判断しています。

これは私が家電量販店に行ったときの体験ですが、ワイヤレスイヤホンが欲しくなり迷っていたところ、そこに店員さんが来て「このイヤホンがオススメですよ」といくつかの製品を見せてくれました。

その店員は接客慣れしているようで、それぞれの機能の違いやメリットなどを詳しく教えてくれ、とてもわかりやすい説明でした。

でも私は、この日は買いませんでした。

これは私の勝手な感想ですが、説明が上手すぎて「今、売りたい商品を買ってもらえるように誘導する」といった意図が透けて見えてしまい、決断できなかったのです。

後日、また改めてその家電量販店に出向いてみると、今度はあまり説明が得意でなさそうな若い男性店員さんが対応してくれました。

話をしてみると、たしかに機能についての説明はつたないのですが「僕、実はこのイヤホンを持っていて、ヘビーユーザーなんです」と言います。

「これでロック聴いたらヤバいっす。寝れないっす」

社員教育を受けた店員として「ヤバい」とか「〜っす」という説明はおそらくＮＧでしょう。

しかし、彼自身が本当にこのイヤホンが好きという感情は、この一言に集約されていました。

話し方やマナーの先生から見れば、言ってはいけないのでしょうが、私はこの言葉でイヤホンを買うのを決めました。（ちなみに普段はロックを聞きません）

大切なのは、**誰かが決めた言葉じゃなくて、自分の中の本当の言葉**。

自分の言葉や説明で人を動かすには、まずは自分が腹落ちしていなければいけません。自社の商品やサービスを提案する場合でも「実は競合の商品に負けているんだよなぁ」といった感情が少しでもあると、心からオススメできなくなってしまいます。

コンサルタントがクライアントに提案する際、提案資料はチームで作成することが多く、それぞれのパーツを何人かで分担して、最後に一つの文書としてまとめます。

その後、プレゼンの事前シミュレーションを何度も行い、最後に話すストーリーを考えながら資料の最終化を行います。

このように最後に入念なシミュレーションを行うのは、多人数で作成した資料を自分のなかで腹落ちするまで整理し、「自分の言葉」で伝えるためです。

誰かが作ったスライドのままでは、自分の言葉として説明できません。

借り物の言葉では自分で納得できないし、その説明では相手も納得しません。
そうではなくシミュレーションを通じて自分の中での腹落ちと、説明する言葉への落とし込みをすることによって、ようやく相手を動かす説明ができるようになります。

人は感情で動くとお伝えしましたが、そうした感情はほかの人にも伝染します。

そして、自分の言葉には感情を乗せることができます。

人を動かす説明をしたいのであれば、誰かの言葉ではなく、自分の言葉で伝えること。

これによって、言葉に乗った感情が相手に伝わり、相手を動かすことができるようになるのです。

POINT

相手を動かすためには、何よりも「自分の本当の言葉」を探す

おわりに

最後まで本書をお読みいただき、ありがとうございました。

ここまで読んでいただいたあなたに、最後のプレゼントとして、とっておきの3秒の一言をご紹介します。

これはどんな場面でも使えて、かつ誰にもできる簡単な一言です。

それは、**「相手の行動＋ありがとう」**です。

誰からも悪い印象を抱かれることなく、かつ相手との良好な関係を築くことができる魔法の言葉です。

「ご説明いただき、ありがとうございました」
「ミスをご指摘いただき、ありがとうございます」

「忙しいのに資料を作ってくれて、ありがとう」

これから別の話をするときでも、上司にお願いをするときでも、後輩のミスを指摘するときでも、まずは相手の行動に対して感謝してから伝える。

「ありがとう」はあらゆる場面で使える、気持ちのいい言葉です。

私は本書の冒頭で、3秒の一言とは「相手を聞く姿勢にさせる、シンプルな言葉」だとお伝えしました。

コミュニケーションは言葉のキャッチボールとも言いますが、お互いの関係が十分でなければ、相手はボールをキャッチするどころか、バットを持って構えているかもしれません。

キャッチボールではなくドッジボールをしたり、相手のボールを打ち返すようなコミュニケーションでは生産的なビジネスはできません。

本書では、仕事を円滑に進めるうえで必要な伝え方と考え方の要素を、3秒の一言というかたちでまとめましたが、コミュニケーションの基本は、あらゆる情報伝達の先には「人」がいることを忘れないことです。

ビジネスにせよ人生にせよ、お互い支え合わないと前に進めません。

そのためのコミュニケーション手段が会話であり、そのきっかけとなるのが「3秒の一言」なのです。

本書でお伝えした「3秒の一言」を生み出すヒントをきっかけに、あなたが思考力や伝え方、そして生き方を変えるきっかけになってもらえれば、これほどうれしいことはありません。

2023年11月吉日　しゅうマナビジネス

明日から実践すべき「4つの原則」

本書の最後に、ここまで各ブロックの最後で挙げてきたPOINTを「4つの原則」としてまとめてみました。

これら4つはこれまで度々登場してきた重要な要素です。

明日から何かを説明する際には、ぜひこのページを振り返りに使ってください。

原則1

相手を「聞く姿勢」にさせる

☑ 会話ではまず「聞く姿勢になってもらう」ことが重要（第1章P027）
☑ シンプルが正解。「足りないピース」は相手が求めてくれる（第1章P034）

☑ 物事の本質を考えないと、ただの「作業的な説明」になる（第1章P042）
☑ 人が動くのは、「感情の変化」が起きたとき（第1章P052）
☑ 「説明の予告」をすることで、相手は聞く準備を整えられる（第2章P086）
☑ 自分ごとにならないと、相手は聞く姿勢をとらない（第2章P105）
☑ 相手を動かすためには、何よりも「自分の本当の言葉」を探す（第5章P223）

原則2

相手目線から言葉を変える

☑ 伝える順番は、相手の状況によって変える（第2章P072）
☑ 最初に「テーマ」を具体的に伝えて、理解の〝ズレ〟を防ぐ（第2章P081）
☑ 話が噛み合わないと感じたら、まずは認識や前提を揃える（第2章P090）
☑ 何かしてほしいときは、相手の「行動のステップ」を意識する（第2章P100）
☑ 伝えたい内容は「主語」を相手に置き換えてみる（第3章P113）
☑ 質問を通じて相手の「期待値」を明らかにしていく（第3章P121）

☑「仮説」をふまえた説明は、相手の信頼にもつながる（第3章P126）

☑反射的に答える前に「何を問われているのか？」を整理する（第3章P132）

☑相手の理解レベルに合わせて、話の「解像度」を調整する（第5章P201）

☑「目的・アウトプット・期日」が明確なら相手の期待とズレない（第5章P208）

原則3 伝える内容をシンプルにする

☑アレもコレも伝えるのではなく、メッセージは一つに絞る（第1章P046）

☑結論（主張）を「事実＋示唆」で伝えると説得力が増す（第2章P077）

☑無意識のうちに「質問に答えていない」ことが意外と多い（第2章P094）

☑複数の要素は「全体構造」や「共通点」を見つけてまとめる（第3章P142）

☑言葉を短くしても、「相手がわからない表現」ではダメ（第3章P151）

☑たとえを考えるときは「同じ特徴を持つ別のモノ」に置き換える（第5章P205）

原則4 「納得」を生む流れをつくる

- ☑ 説明の前に「相手が納得する筋道」を考える（第1章P059）
- ☑ 「主張（結論）」と「理由（根拠）」は必ずセットで考える（第4章P158）
- ☑ 自分が勝手に納得するだけでは「理由」にならない（第4章P164）
- ☑ 理由を言うときは必ず「事実やデータの裏付け」を探す（第4章P171）
- ☑ 3つの理由があれば、主張は「安定」する（第4章P175）
- ☑ 頭の中で「3点」を埋めて、その順番で話すくせをつける（第4章P179）
- ☑ 結論がわかる場合は「結論↓理由↓事実」の順で考える（第4章P183）
- ☑ 結論がわからなければ「事実」から推察していく（第4章P187）
- ☑ 3分の説明では「理由」や「データ」を深く彫り下げる（第4章P193）
- ☑ 「つなぎの言葉」を使うと、相手がストーリーを理解しやすい（第5章P214）
- ☑ 相手の表情や反応に応じて、話す順番は柔軟に変える（第5章P218）

しゅうマナビジネス
大阪府出身。IT ソフトウェア企業を経て、総合系コンサルティングファームに転職。現在は経営管理・IT 領域を中心としたコンサルティング業務に従事。コンサル業と並行してプレゼンや思考法の専門家としてセミナー講師などで活動。YouTube チャンネル『マナビジネス』では「学び」+「ビジネス」をテーマに仕事術についての情報を発信している。X アカウントは @manabi_business

3秒で伝える
コンサルが使う「シンプルな言葉で相手を動かす」会話術

発行日　2023 年 11 月 30 日　初版第 1 刷発行
　　　　2024 年 10 月 30 日　　　第 3 刷発行

発 行 者　秋尾弘史
発 行 所　株式会社 扶桑社
〒 105-8070
東京都港区海岸 1-2-20　汐留ビルディング
電話　03-5843-8194（編集）
　　　03-5843-8143（メールセンター）
www.fusosha.co.jp
印刷・製本　中央精版印刷株式会社

ブックデザイン　山之口正和＋齋藤友貴（OKIKATA）
D T P　松崎芳則（ミューズグラフィック）
校　閲　小西義之
編　集　秋山純一郎（扶桑社）

定価はカバーに表示してあります。
造本には十分注意しておりますが、落丁・乱丁（本のページの抜け落ちや順序の間違い）の場合は、小社メールセンター宛にお送りください。送料は小社負担でお取り替えいたします（古書店で購入したものについては、お取り替えできません）。

Printed in Japan
ISBN 978-4-594-09615-1